EDUCATION TODAY

Guide de l'assistant de Français

EDUCATION TODAY

For a full list of titles in this series, see back cover

Guide de l'Assistant de Français

ou

Comment Stimuler le Français Oral

GENEVIEVE FONTIER

MADELEINE LE CUNFF

Collaboration de
Michel Blanc et Penny Sewell

LONGMAN

LONGMAN GROUP LIMITED
London

Associated companies, branches and representatives throughout the world

First published 1975
ISBN 0 582 36304 7

L'élaboration de ce *Guide* entre dans le programme d'action pédagogique de l'Institut Français du Royaume-Uni.

Geneviève Fontier est conseiller pédagogique à l'Institut Français du Royaume-Uni. Madeleine Le Cunff, Michel Blanc, Penny Sewell sont professeurs à Birkbeck College, Université de Londres.

Cartes reproduites grâce à l'amabilité du Central Bureau for Educational Visits and Exchanges et de Inner London Education Authority.

Dessins de Judith Clopeau.

Printed in Great Britain by
Whitstable Litho, Whitstable, Kent

Table des Matières

Remerciements

Nous remercions toutes les personnes qui nous ont encouragées et aidées dans notre projet, en particulier :

M. Peter Hoy, HMI,

M. James Platt, MM. R. Vaughan et P. Carpenter, respectivement directeur et membres du Central Bureau for Educational Visits and Exchanges,

M. E. Hawkins, alors directeur du Schools' Council,

Mrs. B. Parr, HMI,

M. Howgego, HMI,

M. M. R. Wigram, HMI,

MM. R. Taylor, directeur de Sir Walter St. John's School, Londres, David Smith, Modern Languages Adviser, B. Park, C. Crispin, G. Robert, professeur à l'I.F.R.U.,

tous les assistants avec lesquels nous avons travaillé en 1973–74, à Aylesbury, Basingstoke, Birmingham, Cambridge, Cardiff, Leicester, Londres, et en particulier Françoise Bertin et Nadine Josselin,

les étudiants de Birkbeck College, Université de Londres, de Saint Mary's College of Education, Strawberry Hill, de Homerton College of Education, Cambridge,

les instituteurs en stage de recyclage, Saint Luke's College, Exeter,

et, surtout, Madame la Directrice, les professeurs de la section des langues vivantes, et les élèves de Mayfield School for Girls, Londres,

et Françoise Gardet qui a assuré toute la dactylographie.

Avant-propos

- Vous êtes presque 3500 assistants de français au Royaume-Uni, entrant dans un programme d'échange culturel entre les Gouvernements britannique et français.
- Vous êtes tous francophones, quelle que soit votre origine.
- Vous venez d'U.E.R.,
  d'Ecoles Normales,
  d'I.U.T.

  Certains d'entre vous sont instituteurs.
- Vous êtes en majorité anglicistes, en cours d'études (DEUG, licence, maîtrise, CAPES, CAPET, CAPCEG, agrégation).
- Vous avez en moyenne 20 à 23 ans. Vous êtes presque tous célibataires.
- Quels que soient vos projets d'avenir, vous n'avez pas, pour la plupart, d'expérience de l'enseignement.

  Rares sont ceux d'entre vous qui ont commencé à recevoir une formation d'enseignant.
- Vous savez seulement, par la brochure du Central Bureau for Educational Visits and Exchanges, que votre rôle est de stimuler le français oral.
- Mais il vous reste à connaître les conditions particulières de votre poste et à vivre votre nouvelle situation.

Ce guide est fait pour vous.

Il a pour objectifs de:

1. définir ce qu'on attend de vous et la situation pédagogique dans laquelle vous allez vous trouver.
2. vous donner, sous forme de fiches, des connaissances qui nous semblent indispensables dans cette situation.

3. vous proposer de multiples activités (exercices – jeux) à faire avec vos élèves, compte tenu de votre absence de formation professionnelle et d'une situation réelle de classe.
4. vous fournir, sous forme de documents, des informations sur l'Education au Royaume-Uni, informations qui vous permettront de mieux vous intégrer à votre milieu de travail.
5. vous aider à faire le point de vos compétences actuelles en anglais, à définir et atteindre vos objectifs linguistiques.
6. mettre l'accent sur quelques aspects de votre vie au Royaume-Uni.

Vous trouverez, dans *Adresses Utiles*, des adresses pour votre travail, vos études, votre séjour au Royaume-Uni.

L'*Index* vous permettra de retrouver facilement les points traités dans le *Guide*.

NB. Rien ne vous empêche de commencer votre lecture par le Chapitre 6, ou le Chapitre 4, ou le Chapitre 5, mais il faut avoir lu les Chapitres 1 et 2 pour aborder le Chapitre 3.

Nous nous adressons à l'assistant ou à l'assistante que vous êtes, même si, pour des raisons de commodité d'écriture, «le masculin l'emporte» quelquefois dans la rédaction.

I

Votre Travail d'Assistant: Objectifs et Attitudes

Qu'est-ce qu'on attend de vous?

La brochure SD N/100 du Central Bureau for Educational Visits and Exchanges, que vous avez reçue avec votre nomination, vous dit:

'Your aim must be to encourage your pupils to talk.'

Vous pensez: «Faire parler, pas de problèmes.»

Ne vous laissez pas prendre à l'apparente simplicité de cette phrase et regardez-y de plus près.

Inciter vos élèves à parler.

Qu'est-ce que ça veut dire?

inciter: vous avez un rôle précis,

vos élèves: auprès d'un public défini, anglophones apprenant le français,

à parler: dans un but précis.

(Considérons donc que vous entrez dans le cadre d'une option déjà prise: priorité est donnée à l'apprentissage de l'oral. Une autre option pourrait, par exemple, centrer l'enseignement sur la compréhension de la langue écrite).

Qu'est-ce que ça suppose?

Une situation problablement nouvelle pour vous, la situation pédagogique.

Des élèves: des individus envers qui vous avez une responsabilité.

Cette responsabilité, vous la partagez avec un/des professeurs.

Ces professeurs attendent de vous une coopération.

Or que fait le professeur?
Il/elle présente
Il/elle explique
Il/elle fait mémoriser des éléments nouveaux
Il/elle permet aux élèves d'acquérir des connaissances.

Et votre rôle à vous?
C'est d'exploiter ces connaissances, c'est à dire, amener vos élèves, même débutants, à utiliser le plus naturellement possible, avec vous, *francophone*, le français qu'ils ont appris.

Votre rôle et celui du professeur sont donc complémentaires: les tâches, les attitudes, les activités sont différentes, le but commun.

Qu'est-ce que cela entraîne de votre part?

1. Une réflexion

Quand parle-t-on?
- Quand on en a besoin.
- Quand on en a envie.
- Et, dans une langue étrangère,
  après avoir écouté longtemps.
  après avoir compris précisément.
  après avoir répété souvent.

On ne parle pas
- Si on n'est pas concerné.
- Si l'atmosphère est tendue.
- Si on est inhibé.
- Si on ne connaît pas les mots.
- Si on sent que ça ne sert à rien.

2. Un comportement particulier pour créer une situation favorable à la communication.

3. Un double travail préliminaire:
- Choisir des activités selon le *niveau* et les *intérêts* de vos élèves.
- Préparer vos leçons.

La situation pédagogique

Elle peut être considérée comme une situation particulière de communication.

1. Qu'est-ce que communiquer?

C'est échanger.

Toute situation de communication suppose donc au moins deux personnes X et Y.

Supposons que vous êtes X, et vos élèves Y.

Schéma idéal

1. X dit/fait quelque chose.
2. Y comprend, réagit, pas toujours verbalement, pas toujours en français, agit, répond.
3. X, à son tour, comprend, réagit, agit, répond.
4. Y, à son tour, etc.

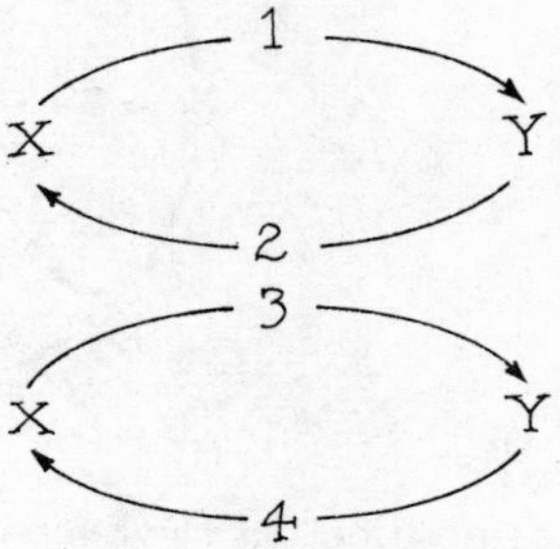

NB. On peut répondre par un geste, un coup d'oeil, un mot, une phrase, etc . . .

Schéma réel

Mais dans la réalité, il faut compter avec les effets de la salle de classe, les difficultés des élèves et les vôtres.

Dans le pire des cas . . .

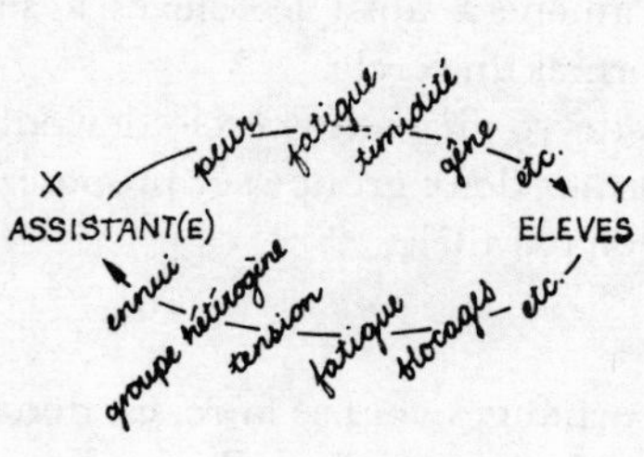

Dans un meilleur cas . . .

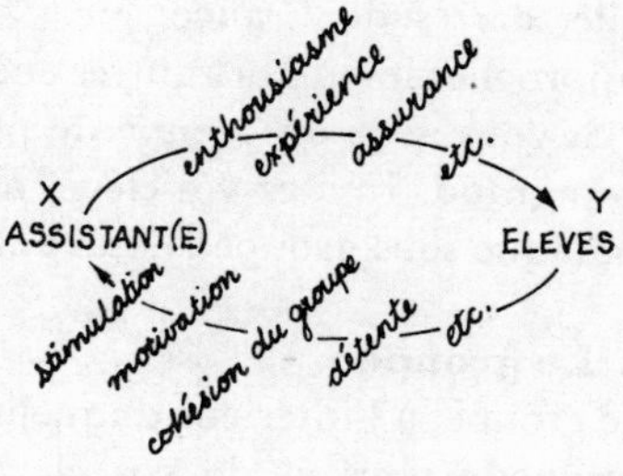

X, c'est-à dire *vous*, conscient des difficultés:
- encourage,
- adapte,
- s'efforce d'être disponible, flexible, détendu, non seulement au niveau des activités, mais aussi de la langue,
- ne s'impose pas, n'écrase pas, ne joue pas les infaillibles.

Y, *vos élèves*, en fait, c'est $y^1 + y^2 + y^3 + y^4$, etc . . . et la communication, les échanges doivent se faire aussi entre les élèves:

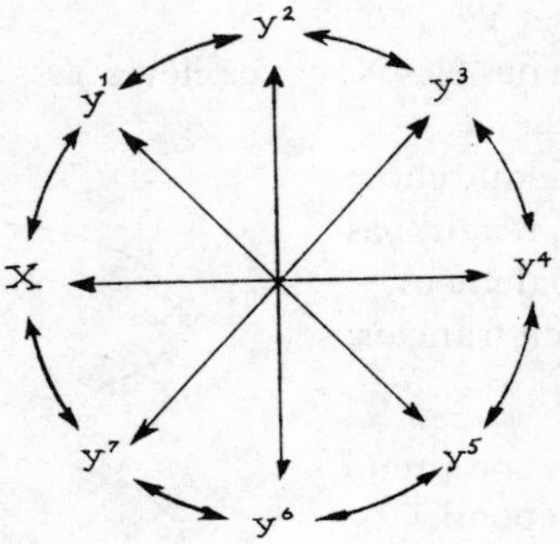

Donc:
La disposition des élèves en cercle est impérative, même si elle ne résout pas tout.

Elle leur est sans doute inhabituelle, mais elle est facile à réaliser dans la classe avec les petits groupes que vous aurez.

Il y aura peut-être des réticences.

Faites-en un jeu: «Allez, on déménage. Tout le monde s'y met. On dispose les tables en cercle.»

L'utilisation d'objets, de documents (cartes à jouer, plans de ville, cartes de France, etc. . .) amènera aussi les élèves à se rapprocher les uns des autres et à former un cercle.

Si vous avez un groupe de plus de 10 élèves, le cercle devient trop grand. Invitez vos élèves à former deux groupes et proposez à chaque sous-groupe de travailler en parallèle.

2. Le groupe

Le groupe, à l'intérieur duquel les échanges vont se faire, est donc formé de vous et de vos élèves: Mary, Douglas, Peter, Jane, Jenny, etc. . . Ils ont tous un prénom, une individualité.

Dès votre première rencontre avec eux, apportez des papiers (5 × 10 cm environ) sur lesquels vos élèves écriront leur prénom et vous, le vôtre.

Chacun a le sien debout devant lui, chacun peut donc s'adresser à un autre par son prénom.

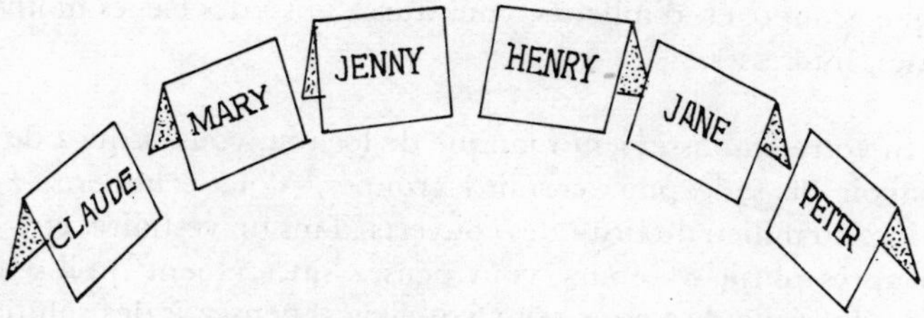

Vous gardez ces papiers et vous les rapportez à chaque cours, jusqu'à ce que vous sachiez le prénom de tous vos élèves.

3. Communiquer dans la salle de classe

Vous êtes ensemble, vous et vos élèves, dans un lieu donné, *la salle de classe*.

Dans votre effort de communication, il vous arrivera quelquefois d'avoir à lutter contre les effets de la situation scolaire (contraintes de la scolarité obligatoire, divorce entre l'école et la vie, cloisonnement des matières, bruit, remue-ménage, fatigue. . .)

Vos élèves donnent des signes d'ennui ? d'hostilité ? d'agacement ? Ils sortent peut-être d'une ou deux heures de cours en anglais. Et avec vous, c'est un autre monde, une autre langue. Ils ont peut-être envie d'être passifs ou de tout rejeter.
– Bloody school. Bloody French. I can't even say it in English. Speak French ? Are you kidding, Miss ? . . .

Jane, IVth form, les pieds sur la table, fait la gueule.
Vous – Je t'ai apporté des *Elle*.
Jane – Rubbish.
Peter et John ont un petit sourire en coin. Vous pensez :
– Est-ce que ma fermeture-éclair est mal fermée ?
Vous devez écrire au tableau. Votre chemisier est troué sous les bras.
– Qu'est-ce qu' «ils» vont dire ?
Vous venez de faire une erreur au tableau.
– Est-ce qu' «ils» l'ont vue ? Est-ce que j'efface ?

Vous risquez de faire l'expérience de tout cela, mais n'en faites pas un drame: vous n'avez qu'un petit nombre d'élèves dans chaque groupe, et, d'ailleurs, vous aurez aussi des élèves motivés, amusés, intéressés.

NB. Si votre établissement manque de locaux, vous risquez de ne pas avoir de salle pour certains groupes. Vous échouerez à la cantine, au milieu du bruit des couverts, dans un vestiaire, etc. . .

Si après plusieurs cours, vous pensez sincèrement qu'il y a là une perte réelle de temps pour vos élèves, pensez à des solutions de rechange, d'abord.

Parlez-en ensuite au professeur, calmement. Il ne s'agit pas de créer une tension, mais d'éviter un gaspillage: l'école consacre un poste de son budget à votre recrutement; les élèves passent un certain temps de leur apprentissage avec vous.

Evaluez avec le professeur ce gaspillage. Avec lui/elle, vous pèserez le pour et le contre et vous prendrez ensemble une décision qui limitera ou éliminera les frustrations.

4. La langue de communication

Malgré tout, vous et vos élèves, vous devez communiquer, et communiquer en français.

Vous êtes dans une fausse situation d'autorité.

En effet la langue, dans laquelle vont se faire les échanges, la communication, c'est votre langue maternelle. Vous la parlez sans difficultés. *Mais* avez-vous conscience de la «grammaire» de votre langue ? Aviez-vous remarqué que l'on dit:

Je vais *en* France / Je vais *au* Japon / Je vais *dans les* Alpes / Je vais *à* Madagascar.

Les vacances, j'*y* pense / Pierre, je pense *à lui*, etc. . .

Pourriez-vous en rendre compte simplement?

D'autre part, cette langue qui est la vôtre, vous ne pouvez l'utiliser pleinement, car vos élèves n'en ont qu'une connaissance limitée. (Cependant ne jugez pas toujours leur compréhension à leur difficulté à répondre du tac au tac.)

5. Le français

Vous devez donc considérer votre langue avec d'autres yeux,

presque la «réapprendre», en tout cas, vous poser des questions:

a. Qu'est-ce qui différencie le français oral(parlé) du français écrit ?Qu'est-ce qu'on dit qu'on n'écrit pas ?Comment est-ce qu'on écrit ?Comment est-ce qu'on parle ?

b. Est-ce que tout le monde écrit ou parle le français de la même façon ? (variétés régionales, d'accent, de lexique: vous êtes de Lorient, vous ne parlez pas comme quelqu'un de Roubaix, etc. . .) Le français n'est pas un, mais multiple, varié.
   - Est-ce qu'une même personne s'exprime toujours (par écrit ou oralement) de la même façon ?(variétés de registres: argotique,familier,soutenu,affecté. . .)
   - Est-ce que les gens de classes sociales différentes, d'âge différent, parlent, écrivent le même français ?(variétés socio-professionnelles,individuelles,de classes d'âge.)

c. Si ces variétés existent, existe-t-il donc un français standard ? (Le français standard, français des Parisiens «cultivés» d'une quarantaine d'années ?).

d. Et qu'est-ce que le «français fondamental» ? C'est un choix de mots (environ 1500) et de constructions, couramment employés, dans des situations quotidiennes. (Voir *Fiche Bibliographie.*)

C'est ce français-là, limité, qui est, en général, enseigné dans les manuels.

Votre plus grande difficulté sera probablement de simplifier votre français sur ce modèle-là.

6. Difficultés de vos élèves

Avez-vous jamais essayé de dialoguer dans une langue que vous connaissiez à peine ? Les difficultés peuvent être:

psychologiques: peur, peur du ridicule, fatigue, conscience du caractère artificiel de la situation, etc. . .

linguistiques: perception des sons. *Ex.* confusion entre je finis/j'ai fini; cinq francs/cent francs (Voir *Fiche Phonétique.*) – découpage de la phrase. *Ex.* «La petite fille est dans le parc» fait le même effet à vos élèves que «Doukipudonktan». (Queneau: *Zazie dans le métro.*) – lexique. *Ex.* «Reste encore un peu» compris comme «Repose-toi encore un peu». – grammaire. *Ex.* «Yves entre le salon». – culturelles. *Ex.* «Le chauffeur de camion s'est arrêté dans un café» n'a rien de commun avec 'The lorry driver stopped at the cafe'.

Dites-vous bien que tout (compréhension, mémorisation, production) est difficile pour vos élèves.

Faites sentir à vos élèves que si vous pouvez parler d'un sujet, expliquer tel point de grammaire, c'est moins parce que vous êtes Français que parce que vous avez travaillé, réfléchi, et que vous avez en tête les objectifs de votre classe, c'est-à-dire eux.

7. Votre rôle

Vous êtes le responsable de la communication dans le groupe.

a. Vous devez provoquer, susciter, faire naître les échanges, organiser leur spontanéité. Pour cela, ne travaillez pas dans l'abstrait. Mettez dans la main de vos élèves une *réalité palpable:* cartes à jouer, affiches publicitaires, formules de télégramme, etc. . . . Voyez *Tableau des Activités*, p. 57, et suiv. colonne matériel.

b. Vous devez aussi faciliter la communication par votre comportement, votre détente, votre sourire, votre respect des élèves, votre confiance dans leur potentiel, votre patience, vos encouragements.

Dès le début, en utilisant au besoin la formule anglaise, et la formule française, sensibilisez-les à des expressions telles que:

- Ça va?
- Tu comprends?
- Oui! C'est bien! Continue! Mais dis-ie! Tu as raison! c'est presque ça! Bravo!

Des expériences ont montré que manifester aux élèves une confiance dans leur potentiel, augmente ce potentiel et inversement.

c. Vous devez intéresser, donc faire preuve d'imagination, d'innovations, d'incessante créativité pour permettre à vos élèves d'innover, de créer à leur tour.

Comment organiser votre travail

1. Avant votre départ de France, rassemblez tout le matériel que vous pouvez :
– documents visuels : photos de vous, de votre famille, de votre rue, de votre ville, de votre région, brochures du Syndicat d'initiative, plans de votre ville, cartes de votre région, cartes postales, jeux : 7 familles, monopoly, etc. . . ,
– fiches de cuisine *Elle*, par exemple,
– enquêtes (sur les jeunes, sur les sports en France, etc. . .),
– affiches publicitaires, électorales, articles de journaux, etc. . . ,
– emballages vides (fromage, cigarettes, etc. . .),
– documents sonores : enregistrements de chansons, de petits dialogues, d'entretiens, disques, etc. . .

Apportez un magnétophone et une machine à écrire portatifs, si vous en avez.

2. A votre arrivée

Le professeur va vous donner un emploi du temps.

a. *Détails pratiques.*
– A quel horaire correspondent P1, P2, P3 etc. . . ?
9h00–9h35, 9h40–10h15, 10h20–10h55, etc. . . ?
– Repérez vos salles. Ecrivez le numéro de chacune sur votre emploi du temps. Est-ce qu'il y a un tableau ? une prise de courant ?
– Sachez aussi le numéro des salles du/des professeurs. Vous irez probablement y chercher vos élèves.

Où se trouve le matériel pédagogique de la section de français ? Où se trouve la clé de la salle (*storeroom*), du placard (*store-cupboard*) ? Pouvez-vous en avoir une ?

En quoi consiste ce matériel ? (Jeux, appareil(s) de projection, magnétophone(s), bandes magnétiques, etc. . .)

Où trouver à l'école le petit matériel qui vous permettra de confectionner vos jeux (ciseaux, papier, colle, etc. . .) et que vous pouvez avoir gratuitement ?

Y a-t-il à l'école des possibilités de reproduction de documents ?
– Un duplicateur à alcool ?
– Une machine à ronéotyper ?

– Une photocopieuse?
– Une machine à écrire? etc...

Apprenez à vous servir seul(e) de tout cela: c'est enfantin et indispensable.

Si rien de tout cela n'existe à l'école, y a-t-il un Teachers' Centre (voir *Doc. E*) dans votre quartier, dans votre ville où vous puissiez aller préparer vos documents? Demandez au Language Adviser (voir *Doc. A*) de vous y introduire.

b. *Les groupes*

Sur votre emploi du temps, figurent IInd, IIIrd, VIth, etc. . Mais il y a trois modes de groupement: *setting* (groupe de niveau – matière), *streaming* (groupes de niveau général), *mixed ability teaching* (groupes hétérogènes) (voir *Doc. D*).

Quel-est celui qui est pratiqué dans votre établissement? Autrement dit: aurez-vous des groupes homogènes, ou non?

Demandez au professeur comment il va organiser vos groupes.

Ex. 2nd form – 30 élèves. Le professeur sait que le nombre optimal pour une activité en français parlé est de 6 à 8 élèves.

Va-t-il établir un roulement hebdomadaire qui vous donnera le groupe A (8 élèves) le 15 Septembre, le groupe B (8 élèves) le 22 Septembre, le groupe C (8 élèves) le 29 Septembre, le groupe D (6 élèves) le 6 Octobre, ce qui ne vous permettra pas de connaître vos élèves, ni de faire avec eux un travail progressif?

Va-t-il décider d'établir un roulement beaucoup plus long, et vous permettre d'avoir des activités hebdomadaires avec le même groupe d'élèves pendant deux mois, ce qui vous permettrait de mieux les connaître, de discerner leurs besoins et de choisir les activités en conséquence?

c. *Les objectifs linguistiques*

Demandez au professeur *ses objectifs* pour chaque classe. Veut-il privilégier l'oral, et, dans l'oral, l'écoute? la compréhension? la production? la lecture?

Veut-il privilégier l'écrit, et, dans, l'écrit, la compréhension? la production? l'appréciation?

Demandez au professeur ce qu'il attend de *vous*. Veut-il que vous privilégiez l'écrit? l'oral? Veut-il que vous informiez les élèves sur ce qui se passe en France? Est-ce que ce sera en français? en anglais?

NB. Rappelez-vous que vos objectifs à court terme s'intègrent à un objectif général à long terme: développer chez les élèves les 4 compétences qui leur permettront de maîtriser la langue (comprendre la langue orale, comprendre la langue écrite, parler, écrire).

d. *Les connaissances acquises*

Demandez au professeur qu'il/elle vous laisse, pour toute l'année, un exemplaire du manuel utilisé dans chaque groupe (voir *Doc. F.* p. 166)

Faites une liste

- des thèmes (famille, voyage, santé, etc. . .),
- des situations (famille à table, prendre un billet à la gare, etc. . .),
- des structures grammaticales,
- du vocabulaire que vos élèves ont pu apprendre l'année qui a précédé votre arrivée.

Cela vous permettra de cerner les connaissances, grammaticales et lexicales, supposées acquises aux différents niveaux (élémentaire, intermédiaire, avancé).

NB. Il y a souvent un fossé entre connaissances supposées acquises et connaissances réellement acquises.

Niveau élémentaire

Vocabulaire très limité, comme vous l'aurez vu si vous avez étudié les manuels et établi les listes ci-dessus. Mais, avec ce vocabulaire, les élèves sont capables de comprendre et de faire des phrases du type: sujet–verbe–objet.

Ex. Philippe écoute un disque.

Est-ce que Philippe écoute un disque?

Oui, il écoute un disque.

Niveau avancé

Les élèves sont capables:

- de raconter des événements passés en employant correctement les temps verbaux,
- d'avoir une petite conversation avec vous,
- de lire une oeuvre littéraire simple.

En général ces élèves préparent le A-level. Voir *Doc. C.*

C'est dire que, si vous êtes Assistant dans une école secondaire, la majorité de vos élèves aura un vocabulaire limité, ou très limité, et peu de choix de structures grammaticales.

e. *Etre réaliste et optimiste*

N'espérez donc pas faire de la «conversation à bâtons rompus». Mais de nombreuses autres activités sont possibles. (Voir *Activités* p. 56 et suiv.)

On peut parler avec peu de mots.

Ex. Le jeu des 7 familles.

Objectif:

– Est-ce que tu as le fils (etc...) de la famille n°6 (etc...)?
– Non,
– Oui, voilà,
– Merci,
– A toi.

Rien de plus modeste, mais aussi rien de plus naturel dans la situation de jeu que vous aurez créée.

Si vos élèves peuvent, pendant 30 minutes, manier sans fautes, ces questions/réponses, félicitez-les, félicitez-vous en, c'est gagné.

3. Comment choisir et préparer les activités

Vous savez maintenant:

– ce que le professeur attend de vous,
– le niveau approximatif de chaque groupe,
– le nombre d'élèves dans chaque groupe,
– le type de salle que vous aurez pour chaque cours.

Si vous ne savez pas quoi faire ou si vous voulez vérifier dans quelle mesure votre choix est bon/mauvais:

a. Reportez-vous au *Tableau des Activités*.

Toutes les activités proposées ont été expérimentées en classe dans une école polyvalente (*Comprehensive School*) ou dans un institut de formation de professeurs (*College of Education*), ou en première année d'Université, ou avec des instituteurs en recyclage.

b. Définissez vos objectifs. Faites-vous un programme pour la semaine. Voir Emploi du temps p. 15.

Ex. J'ai remarqué que les élèves de 2ème (*IInd formers*) avaient du mal à manier les structures interrogatives. Choisir un jeu où ils/elles puissent s'y exercer.

Ex. VIth formers. Comment faire pour que Jane ne soit plus hostile? Lui donner une responsabilité? Laquelle?

Ex. IIIrd formers. Le professeur me demande de les faire lire. Trouver une situation naturelle de lecture. Une lettre lue à haute voix?

Tenez un cahier où vous noterez brièvement l'activité choisie et les résultats.

c. Tenez compte:

(i) *du nombre des élèves.*
La même activité réussit avec 5 ou 6 élèves, est impossible avec 7 élèves, doit être repensée avec 15 élèves (division des groupes).

(ii) *du sexe.*
Dans une classe de garçons un sketch, une activité sur les produits de maquillage, ce n'est peut-être pas l'idéal. Le football ou le rugby ne passionneront probablement pas vos élèves-filles.

(iii) *de la durée* de la classe: 30–35 mn ou «double period».

(iv) *de la salle:*
chanter est difficile si on gêne à côté,
écrire est difficile s'il n'y a pas de tables,
jouer est impossible au labo de langue, etc...

(v) *du matériel*: bien qu'il soit très léger dans toutes les activités suggérées, pas de jeu du plan sans plan, pas de jeu du pendu sans tableau noir, etc...

(vi) *la présence ou l'absence du professeur dans la classe.*

(vii) *l'heure et le jour du cours:* n'espérez pas trop d'efforts de la part de vos élèves le vendredi après-midi...

d. Préparez chaque leçon.

Sachez exactement le plan que vous allez suivre (et pourtant adaptez-le, si la situation n'est pas telle que vous l'imaginiez).

Préparez toujours des documents impeccables.

Ex. Jeu du télégramme. (Voir *Activités.*) Vous tapez, ou mieux, vous écrivez très lisiblement la lettre, comme une vraie lettre, avec la date, etc... Vous la tirez ensuite soit à la ronéo, soit au duplicateur à alcool (*banda machine*).

Le document est, en général, un stimulus: il doit non seulement être simple, mais il doit attirer, motiver.

En plus de l'activité majeure, ayez bien en tête les activités courtes qui vous permettront de varier au cours de la même séance.

Dans toute la mesure du possible, expérimentez vous-même l'activité : soumettez-vous en anglais, ou mieux, dans une langue étrangère que vous maniez mal, à l'exercice que vous allez faire avec vos élèves (avec l'Assistant(e) d'allemand, par exemple).

Analysez les difficultés, le déroulement, le rôle de l'animateur, les caractères positifs pour l'apprentissage, la modestie du but, mais sa valeur indéniable.

4. **Organiser votre semaine** Par exemple:

Durée 30'	*Lundi*	*Mardi*	*Mercredi*	*Jeudi*	*Vendredi*
P1			Lower 6th-4 élèves Recréation de texte	Upper 6th Etude d'un texte (4ème séance)	
P2		4th B – 8 élèves Jeu du plan	Lower 6th –idem–		
P3		4th A – II élèves Jeu du plan	3rd – 7 élèves Loto des nombres	4th – 7 élèves Jeu du portrait Phrase continuée	5th – 7 élèves Phrase continuée orale/écrite
P4					Réunion hebdomadaire des prof. de la section de langues vivantes.
P5				3rd – 10 élèves Histoire sans paroles	4th – 9 élèves Jeu des 10 objets
P6			2nd – 9 élèves Jeu des 5 objets	et mise en écrit	2nd – 12 élèves Compréhension/dessins
P7		Enregistrements pour la section de français	2nd – Jeux d'argent	7 A – 12 élèves Discussion (Liberté)	2nd – Labo Question/réponses sur les dessins
P8				5th – 3 élèves Jeu du télégramme	

Comment vous y prendre en classe?

Dès le premier cours, *présentez-vous*: votre prénom, nom, âge, études, etc. . .

Apportez, ce jour-là, des photos de vous, dans votre ville, en vacances, de vos parents, vos amis, de votre logement, etc. . .

Commentez ces photos. (Pour les débutants, en Français Fondamental.)

La description de chaque activité vous donne son déroulement. Il ne suffit pas de le lire rapidement Il faut aussi l'intérioriser, c'est à dire l'assimiler de façon à pouvoir faire l'exercice d'une façon créative et originale, et non pas comme une mécanique.

Ayez aussi avec vous le jeu de cartes que vos élèves aiment, pour le jour où rien d'autre ne marche. (Ça arrive: élèves fatigués, salle peu commode, vous qui n'avez pas bien dormi.)

Ne faites pas de votre organisation une source de tension: n'essayez pas, toujours, de faire, à tout prix, tout ce que vous aviez prévu.

Si vous arrivez avec une activité A et que vos élèves redemandent une activité B, ne la leur refusez pas. Prenez ça comme un bon point pour vous.

La raison d'être de votre plan, c'est de faire sentir à vos élèves que vous savez où vous allez (et que donc vous avez pensé à eux), que le temps passe vite et qu'on s'amuse.

Pour cela, comme nous l'avons dit, un moyen presque infaillible: mettre dans la main des élèves *une réalité palpable* (jeux, cartes, mots croisés, affiches publicitaires, etc. . .).

Pour faire démarrer l'activité, il faudra peut-être que vous donniez les consignes en anglais. Limitez-vous à l'essentiel.

Il faudra aussi croire à ce que vous faites et y prendre plaisir. Ce sera d'autant plus facile que vous y aurez pensé à l'avance.

Soyez disponible et réceptif: en classe, ce sont les élèves qui comptent, pas vous.

Il vous arrivera d'avoir des élèves difficiles. Dites-vous bien qu'il y en a partout et qu'ils le seraient moins, si, en France, comme ailleurs, on adaptait l'enseignement à leurs véritables besoins, s'ils se sentaient concernés. Ne les forcez pas à travailler. S'ils voient les autres avoir une activité qui ne ressemble pas à une activité scolaire, ils finiront peut-être par se joindre au groupe. En ce cas, acceptez-les dès qu'ils sont prêts, comme si de rien n'était, et redonnez pour eux les explications nécessaires. La fois suivante, trouvez pour eux des activités plus «prenantes», confiez-leur des responsabilités, et répartissez-les dans des sous-groupes disposés à travailler.

Mais il se peut aussi qu'avec certains groupes (rares, mais ils existent) vous n'ayez pas l'impression de contribuer à l'enseignement de la langue, mais de faire de la garderie améliorée. (L'enseignement, ce n'est pas seulement avoir de bons élèves). Alors faites des marionnettes, des collages, des déguisements, etc...

Sortez du cadre scolaire. Inventez dans une atmosphère de bien-être, de détente.

En somme, pour que ça se passe bien dans la classe:

Avant: préparez, réfléchissez, imaginez, innovez.

Pendant: soyez patient, détendu, disponible, enthousiaste, créatif...

Après: réfléchissez, évaluez, prévoyez... et re-préparez.

NB. Nous nous sommes bornées à la situation dans laquelle vous vous trouvez seul avec les élèves. Tout autre serait celle où vous travailleriez en équipe, avec le professeur présent dans la classe.

Nous n'avons pas pu l'expérimenter assez longtemps pour qu'il en soit question dans ce *Guide*.

2

La "Matière" de votre Enseignement: Information et Réflexion

Vous vous rendrez vite compte qu'il ne suffit pas d'être francophone pour être Assistant de français. Il faut aussi :

- avoir une idée claire de sa propre langue.
- réfléchir sur sa propre expérience culturelle.
- savoir détecter ses lacunes et vouloir les combler.

C'est dans cette optique que ces fiches ont été conçues. Elles sont à votre usage; ce ne sont pas des cours, mais des *outils* qui doivent vous permettre de mieux préparer vos activités pour la classe et de guider plus sûrement vos élèves.

- Pour les aider à mieux prononcer : *la Fiche Phonétique* qui met le doigt sur les difficultés les plus courantes des anglophones.
- Pour les aider à parler et écrire correctement : *la Fiche Grammaire* vous donne des trucs pédagogiques.
- Pour les aider à découvrir *la réalité française : la Fiche Civilisation.*
- Pour les amener à mieux lire et apprécier un texte littéraire : *la Fiche Découverte du texte.*
- Pour rendre la classe plus *vivante :* une description de procédés techniques et de matériel : *la Fiche Dessin* et *la Fiche Matériel Pédagogique.*
- Et, si vous voulez en savoir plus : *la Fiche Bibliographie.*

NB. Ces Fiches, dans lesquelles une terminologie «passe-partout» a été utilisée, sont volontairement sommaires.

Fiche Phonétique

Vous n'allez pas faire un cours de phonétique.
Mais vos élèves doivent:
- vous *comprendre*, et savoir, en particulier, faire la différence entre des sons très voisins: Ça fait *cinq* franc/Ça fait *cent* francs. Il est long/Il est lent.
- pouvoir *prononcer* le plus correctement possible, c'est-à-dire imiter les mouvements (lèvres – langue) que vous faites en parlant.
- imiter votre intonation, donc savoir vous écouter.

Cette fiche est volontairement simpliste. Elle n'aborde que les points de prononciation qui posent souvent des problèmes.

1. Perception des sons et discrimination
2. Articulation
3. Accentuation et rythme
4. Intonation
5. Liaisons
6. «e muet»

1. Perception et discrimination

On ne peut pas bien prononcer un son qu'on n'a pas bien entendu.
Exemples de difficultés pour vos élèves:
la différence entre le/la/les
dessus/dessous
je finis/j'ai fini
un bas/un bar, etc. . . (Voir *Loto de phonétique.*)

2. Articulation

C'est, en gros, la position des lèvres et de la langue dans la bouche, nécessaire à la bonne prononciation d'un son: vocalique (les voyelles), consonnantique (les consonnes).

a. Les voyelles orales

(*Orales:* l'air passe par la bouche.)

Prononcez les mots suivants:

si	su	sous
ses	ceux	seau

sel   seul   sol
sa   se

Ces mots contiennent les 11 voyelles orales du français.

NB. La voyelle â, mâle, pâte, est rare. Beaucoup de Français ne font plus la différence entre patte et pâte.

Prononcez les onze voyelles devant le miroir. Qu'est-ce qui se passe ?

Comment sont vos lèvres ?

arrondies ?   *ex*. sous    su 
écartées ?   *ex*. ses    sel 
ouvertes ?   *ex*. sol    sa 
presque fermées ?   *ex*. su    si 

Où est votre langue ?

en avant de votre bouche ?   *ex*. si – su
en arrière ?   *ex*. sous – seau

b. Les voyelles nasales

Il y en a trois.

- sont : lèvres arrondies, presque fermées (comme pour seau), bon, long, etc. . .
- saint : lèvres arrondies, très ouvertes (comme pour sel), bain, hein ?, daim, dessin, un, etc. . .
- sans : lèvres écartées, très ouvertes (comme on dit ah ! chez le médecin,) banc, lent, paon, etc. . .

NB. On ne fait plus guère la distinction entre brun et brin.

TABLEAU RECAPITULATIF DES VOYELLES DU FRANÇAIS

Voyelles		**Lèvres**				**Langue**	
Symboles	*Exemples*	*écartées*	*arrondies*	*ouvertes*	*fermées*	*en avant*	*en arrière*
[i]	si, ici, pire	+			++	+	
[e]	*e* fermé: ses, été, aimer	+			+	+	
[ɛ]	*e* ouvert: sert, aime, pièce	+		+		+	
[a]	sa, par	+		++		+	
[y]	su, pur		+		++	+	
[ø]	ceux, peu		+		+	+	
[œ]	sœur, seul		+	+		+	
[ə]	ce, je, le		+	+		+	
[u]	sous, pour		+		++		+
[o]	*o* fermé: seau, chose		+		+		+
[ɔ]	*o* ouvert: sort, col		+	+			+
[ɛ̃]	saint, cinq	+		+		+	
[õ]	son, ronde		+		+		+
[ɑ̃]	cent, lampe	+		+			+

++ très ouvert ou très fermé
\+ un peu moins ouvert ou un peu moins fermé

NB. L'articulation du français est très *tendue*, c'est-à-dire que les muscles de la bouche travaillent beaucoup plus que lorsqu'on parle anglais.

Faites-le remarquer à vos élèves, mais ne leur faites pas faire de grimaces.

Pour [i] – sourire li
Pour [y] – siffler lu
Pour [u] – embrasser lou

c. Les consonnes

Un certain nombre de consonnes posent des difficultés aux anglophones.

/R/

Les anglophones font deux erreurs:

– ils prononcent le /R/ à l'anglaise: le *r* de *raide* comme celui de *read*, le *r* de *très* comme celui de *tray*, par exemple.
– ils ne prononcent pas /R/ du tout: *ex.* fai(r)e, me(r)ci.

Corrections

Faites adopter la bonne position de la langue en faisant prononcer aga, aga, plusieurs fois. Pour la prononciation de ces 3 sons, la langue garde la même position (en arrière).

Faites ensuite répéter et écouter des mots contenant /R/ entre *a* et/ou *o*: *ex.* carafe, arabe, oraux, paragraphe. (Evitez les mots avec i, *ex.* j'irai). Vous pouvez aussi faire imiter les gargarismes.

Pour *merci*, *faire*, faites entendre le /R/ en le prononçant exagérément. Faites-le articuler exagérément aussi.

/L/

Il y a deux /L/ en anglais:

– celui de *l*ist, *l*oop: *l* initial pareil à celui du français.
– celui de pi*ll*, litt*le*, qui n'existe pas en français, mais que vos élèves auront tendance à employer à la fin des mots: il, elle, sol, seul, etc. . .

Correction

Faites écouter et répéter *l* suivi d'une voyelle:

– il – ila
  ili, etc. . .
– il a fait: i – la – fait.

/T/ – /D/

Les francophones mettent la pointe de la langue contre les dents d'en haut, les anglophones beaucoup plus en arrière.

Correction

Faites écouter des phrases anglaises (tea for two/two for tea), françaises (ta tante est triste), pour faire percevoir la différence entre les *t*.

Demandez à vos élèves de prononcer des phrases anglaises en parodiant l'accent français.

Faites mettre la langue contre les dents d'en haut, et même entre les dents d'en haut.

3. Accentuation et rythme

(Voir aussi Chap. 5)

a. Au niveau du mot

Dans un mot de plus d'une syllabe, en français, c'est la dernière syllabe qui est prononcée avec le plus d'effort articulatoire. On dit qu'elle est accentuée.

intéres*SANT*
littéra*TURE*
constitu*TION*

Mais cela n'empêche pas les autres d'être clairement prononcées: in – té – res –, li – té – ra –, cons – ti – tu –.

En anglais, la syllabe accentuée n'est pas toujours à la même place dans le mot.

*Ex. IN*teresting, 1ère syllabe, *LIT*erature, 1ère syllabe, consti*TU*-tion, 3ème syllabe, et celles qui ne sont pas accentuées ont tendance à être télescopées.

Vos élèves auront tendance à dire: In*tr*essant, li*tr*ature, etc. . .

Correction

Découpez les mots en syllabes.

ex. in – té – re – *SANT* – ta – ta – ta *TA*

Choisissez des mots français «proches» de l'anglais (établissement, appartement, canadien, cinéma, etc. . .).

Faites prononcer chaque syllabe isolément, clairement, en battant la mesure, comme un métronome, avec le doigt, ou un crayon, sur la table.

b. Au niveau du groupe de sens

Dans le groupe, comme dans le mot, la dernière syllabe est accentuée quelle que soit la longueur du groupe.

Ex. Je *PARS*.

Je pars de*MAIN*.

Je pars demain ma*TIN*.

NB. Par groupe, on entend un groupe de mots liés par le sens, prononcés d'une seule émission de souffle.

Le rythme, c'est le retour des syllabes accentuées. Ce retour se fait à intervalles réguliers en anglais, pas en français:

Je m' de*MANDE*/si j' dois télépho*NER*/à Edim*BOURG*/

1 2 3 1 2 3 4 5 6 1 2 3 4

Correction

Faites trouver les groupes de sens.

Faites battre le rythme régulier des syllabes avec le doigt ou un crayon sur la table.

4. Intonation

Soit la phrase: *Philippe travaille.*

Quelle ponctuation pouvez-vous lui donner?

1. Philippe travaille.
2. Philippe travaille?
3. Philippe, travaille!

Dites ces trois phrases à haute voix: pour exprimer les trois sens différents, vous donnez à chaque phrase une mélodie différente, c'est-à-dire une *intonation* différente.

Répétez-les: a. Philippe travaille. (*schéma* 1)
b. Phillipe travaille? (*schéma* 2)
c. Philippe, travaille! (*schéma* 3)

Ce sont les 3 mélodies ou schémas intonatifs de base du français.

Voici un dialogue. Lisez-le à haute voix:

Anne: On va au cinéma? (*schéma* 2)

Philippe: Non. Ecoutons des disques. (*schéma* 3)

Anne: D'accord. Qu'est-ce que tu as comme disques? (*schéma* 3)

Philippe: J'ai des disques des Beatles. (*schéma* 1)

NB. Un schéma intonatif correspond à un ou plusieurs types de phrase.

Schéma 1 :

Phrase déclarative (affirmative ou négative).

Ex.: Je vais au cinéma ce soir.
Il n'est pas encore parti.

Schéma 2 :

Phrase interrogative (réponse *oui* ou *non*).

Ex: Tu viens ?

Schéma 3 :

a. Phrase interrogative commençant par qui ? comment ? pourquoi ? (qu') est-ce que ? etc...
Ex.: Qu'est-ce que tu bois ?

b. Phrase impérative.
Ex.: Apporte-moi le cendrier.

Voici une phrase déclarative plus longue :

«Hier matin, mon ami Jean, qui est en vacances en Corse, m'a téléphoné.»

Lisez-la à haute voix. Elle se découpe selon le sens : il y a quatre groupes. La mélodie (l'intonation) est montante pour les trois premiers groupes et descendante pour le dernier.

Hier ma*TIN* mon ami *JEAN* qui est en vacances en *Corse*
m'a télépho*NE*.

C'est le schéma intonatif le plus fréquent en français. Il est valable pour toutes les phrases déclaratives : intonation montante pour tous les groupes sauf le dernier.

Correction

Répétez clairement la phrase.
Faites découvrir aux élèves les groupes de sens.
Dessinez au tableau l'intonation de chaque groupe :

Faites répéter groupe par groupe, en insistant sur l'intonation montante et descendante (fin de phrase).

5. Les liaisons

Faire une liaison, c'est prononcer la consonne finale (qui normalement ne se prononce pas) d'un mot, lorsque celui-ci est suivi d'un mot commençant par une voyelle :

Ex. ils vont, mais : il*s*‿aiment.

En français, il y a des liaisons : *obligatoires, interdites, facultatives*

a. Exemples de liaisons obligatoires :

nous‿allons	(nous, vous, ils/elles + verbe)
les‿enfants	(les, des, mes, ces, etc. . .,
nos deux‿amis	deux, trois + nom)
les petits‿enfants	(adjectif + nom)
un gros‿homme	
quand‿il viendra	(quand : liaison en *t*)
c'est‿à moi	(être + voyelle)
ils sont‿épatants	

NB. Beaucoup de Français ne font pas cette dernière liaison.

b. Exemples de liaisons interdites :

un homme et une femme	(jamais de liaison avec *et* !)
mon chat adore le lait	(nom sujet + verbe)
les enfants ont dessiné	
comment est-il ?	(après comment, sauf dans comment‿allez-vous ?)

c. Exemples de liaisons facultatives (choix) :

Il a toujours‿été un homme digne de respect.

Il a toujours été sympa avec moi.

Ils‿étaient‿à Paris/Ils‿étaient à Paris.

Le choix dépend de la situation, de la personne qui parle, de la personne à qui l'on parle.

6. E muet (caduc)

Dans le français dit standard, on ne prononce pas le *e* dans les cas suivants :

a. fillɇ, aimɇ : *e* final.

b. médɇcin, achɇter, etc. . . : *e* précédé *d'une seule* consonne prononcée.
Exceptions : at*e*lier, /– *e*rions, – *e*riez (conditionnel)

c. la pɇtitɇ fillɇ : à l'intérieur d'un groupe de mots quand le *e* est précédé d'une seule consonne prononcée.

Mais on prononce le *e* :

a. appart*e*ment : *e* précédé de deux consonnes prononcées : r et t ; simpl*e*ment : p et l.

b. unɇ p*e*titɇ fillɇ : à l'intérieur d'un groupe, *e* précédé de deux consonnes prononcées : *n* et *p*.

c. d*e*bout: *e* dans la première syllabe d'un mot isolé ou d'un groupe.
Comparez: Comment est-il ? – D*e*bout.
– Il est d*e*bout.

Correction
Ne consacrez pas de séances entières à la «phonétique», mais donnez-lui une place importante dans votre travail en classe.

Fiche Grammaire

- Vous n'allez pas faire de cours de grammaire.
- Mais vos élèves ont des difficultés grammaticales.
- Notez les plus fréquentes dans votre cahier de préparation.
- Pour *chaque difficulté*, établissez *une fiche* avec:

– une explication grammaticale,
– beaucoup d'exemples à titre d'exercices correctifs.

NB. Ces fiches sont à votre usage. Inutile d'utiliser avec vos élèves le vocabulaire (traditionnel ou non) des catégories et des fonctions grammaticales (verbe – sujet, etc. . .) : ils ne le connaissent pas et peuvent très bien s'en passer.

Comment corriger ?
Donner surtout des exemples de tournures correctes.
Plus rarement, aux élèves avancés, donnez, en plus des exemples, des explications simples.

Quelles fautes corriger ?
Les plus fréquentes.
Celles qui gênent la communication: «je suis marchant» pour «je marche».

Quand corriger ?
Jamais pendant le dialogue, sauf s'il y a rupture de communication.

Après le dialogue, consacrez quelques minutes (5 au plus) à corriger une seule erreur.

1. La question directe

Reportez-vous aux *Activités* (Chap. 3). Vous verrez qu'elles sont presque toutes à base de questions. Il y a trois façons de poser la question en français:

1. Est-ce que tu viens?
2. Tu viens?
3. Viens-tu?

NB. De ces 3 façons, la 3ème (avec inversion du sujet) est la moins fréquente. Ne l'utilisez pas avec vos élèves. Mais elle est courante dans:

Comment vas-tu?	Quelle heure est-il?	Où est mon manteau?
Comment t'appelles-tu?	Quel temps fait-il?	Où sont les enfants?

La 1ère avec «Est-ce que. . .» la plupart de vos élèves la connaîtront. Elle a l'avantage de ne pas changer l'ordre des mots. C'est celle-là que vous devez vous efforcer d'utiliser tout le temps avec vos élèves.

Ex.: Est-ce que tu viens?
Quand est-ce que tu viens?
Où est-ce que tu vas?
Pourquoi est-ce que tu n'as pas téléphoné?
et avec mise en relief:
Le monsieur, est-ce qu'il traverse la rue?

La 2ème, «Tu viens?», est très utilisée dans la langue parlée. Mais la différence d'intonation entre «Tu viens» et «Tu viens?» (voir *Fiche Phonétique*) n'est pas facilement perçue par les anglophones.

Une fois acquis le mécanisme avec «Est-ce que», habituez progressivement vos élèves à percevoir la différence entre «Tu viens,» et, «Tu viens?» et à utiliser cette façon de poser la question.

NB. Dans certains cas, vous ne pouvez employer ni «Est-ce que. . .», ni l'inversion, ni l'intonation montante. Il s'agit des questions commençant par un mot interrogatif portant sur le sujet.

Ex. Combien de gens ont la télévision en France?
Lequel de ces livres a eu le plus de succès?

Exemples de réponses aux différents types de questions:
Est-ce que Michèle est gentille? –OUI, ... NON, ...
– Je ne sais pas
Qui est-ce qui est venu? – C'est Pierre.
Qu'est-ce que tu as fait aujourd-hui? – J'ai travaillé.

2. Temps du passé

Erreur fréquente chez les anglophones: confusion entre les temps du passé. On peut représenter schématiquement les cas d'emploi du passé composé et de l'imparfait:

a. Passé composé: trois emplois

•	action – point	J'ai pris le train.
|————|	action – ligne, à durée précisée	J'ai passé dix jours à Paris.
• • • • •	action – point répétée à durée précisée	Cette semaine-là, j'ai acheté le journal tous les jours.

b. Imparfait: deux emplois

• • • •	action–point répétée, durée non précisée.	Autrefois, j'achetais un journal tous les jours.
————▷	action – ligne, durée non précisée.	Je dormais pendant que tu parlais. Le soleil brillait. Jacqueline était joyeuse.

NB.

a. On peut quelquefois hésiter entre passé composé et imparfait. *Ex.:* Hier, il a fait beau / Hier, il faisait beau.
b. «Le soleil brillait» appelé souvent «imparfait décor».
c. «Jacqueline était joyeuse.» Les «verbes d'état»: être – sembler – paraître – avoir 20 ans – etc. . ., en général à l'imparfait, sauf avec les expressions: tout à coup, soudain, etc. . .
d. Les verbes du type: je crois, je pense, je ne sais pas, etc. . . en général à l'imparfait: je ne savais pas que. . ., je croyais que. . .
e. Emploi obligatoire du passé composé: je ne l'ai pas vu depuis 10 ans. (Mais je le connais depuis 10 ans.)
f. Les élèves se trompent souvent d'auxiliaire: auxiliaire *être*

avec tous les verbes pronominaux (se promener, etc. . .) et aller/venir – entrer/sortir – partir/rester – descendre/monter – arriver/tomber – naître/mourir – retourner.

Passé simple et Passé composé

a. Le passé simple peut exprimer: une action – point
   une action – ligne, à durée limitée,
   une action répétée, à durée limitée,
   comme le passé composé.

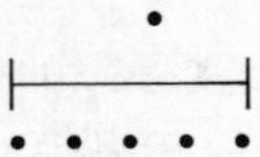

b. Le passé composé est toujours employé dans la langue parlée et dans la correspondance.
c. On utilise le passé simple (*past historic*) dans la langue écrite (journaux, romans, histoire, etc. . .), sauf si on veut expressément se démarquer du rituel du passé simple (Camus dans *L'Etranger*).
d. L'emploi du passé simple n'exclut pas systématiquement le passé composé.

NB. Vos élèves n'auront besoin du passé simple qu' à partir de O-Level, dans deux situations: compréhension (lecture) et production écrite (traduction).

3. Place de l'adjectif épithète

En anglais, l'épithète est antéposée. En français, l'antéposition est rare, mais dans quelques cas, obligatoire.

L'épithète se place

avant le nom :
Adjectifs très usités, généralement courts, et adjectifs ordinaux. *Ex.:* un gros bénéfice, un long trajet, un bon/mauvais père, un grand/petit verre, une belle maison, un joli manteau, un vieux livre, un nouveau gouvernement, le premier résultat.

après le nom :
Adjectifs exprimant la forme, la couleur, la nationalité.
Ex.: une table ronde, des yeux bleus, un danseur russe.

4. En

a. Peut remplacer le complément précédé d'une expression de quantité.

Est-ce que vous avez *du* pain? *de la* viande? *des* œufs?	Oui, j'en ai Non, je n'en ai pas
Est-ce que vous avez *un* livre? *deux*, *trois*, etc. . .	Oui, j'en ai *un*, *deux*, etc. . .
Est-ce que vous avez *beaucoup* d'argent? *assez* d'argent? *trop* d'argent?	j'en ai *beaucoup* Oui, j'en ai *assez* j'en ai *trop*

b. Peut remplacer les compléments inanimés des verbes construits avec *de* (*du – des*) (s'occuper de, parler de, revenir de, manquer de, rêver de, se souvenir de, etc. . .)

Est-ce que tu joues de la clarinette? Oui, j'en joue.
Est-ce que tu fais du ski? Oui, j'en fais.
Est-ce que tu te sers de ce couteau? Oui, je m'en sers.

NB. Comparez: je rêve des vacances – j'en rêve
je rêve de Pierre – je rêve de lui

5. Y

Peut remplacer les compléments introduits par:
– les prépositions de lieu: *dans*, *sur*, etc. . .
– *à*, même quand il n'exprime pas le lieu: toucher à, penser à, à condition que le complément soit inanimé:

Les vacances, j'y pense.
Pierre, je pense à lui.

NB. *Y* ne s'emploie pas avec le futur du verbe *aller*:

Tu vas à Paris?
Oui, j'y vais le mois prochain.
Oui, j'irai le mois prochain.

6. Subjonctif

Dédramatisez l'emploi du subjonctif.

Ne donnez pas de liste de cas d'emploi toute faite à vos élèves.

Mais faites-leur remarquer ce qui détermine l'emploi du subjonctif dans les phrases qu'ils produisent ou qu'ils lisent. Au bout de quelque temps, ils sauront que le subjonctif est entraîné par la présence des expressions suivantes ou de leurs synonymes:

je voudrais, je ne veux pas que...
je suis content, triste, j'ai peur, c'est dommage que...
je ne crois pas que...
il faut que...
pour que...
bien que...
avant que...
le plus/moins beau, cher, etc.., qui/que/où, etc...

NB. «En principe», *après que* + indicatif. Mais la plupart des Français emploient le subjonctif.

Subjonctif ou infinitif?
Je suis content qu'il *vienne*. Marie passera avant que tu ne *partes*, (deux sujets différents.)

Je suis contente d'*avoir réussi*. Marie passera te voir avant de *partir*, (un même sujet.)

7. Il/C'est

a. Sujet + être + adjectif, ou nom de profession, métier, matière.

– le sujet n'est pas «vague»: *il*

Mon père, il est sévère.
Qu'est-ce qu'il fait dans la vie? Il est boulanger.
Son appartement, il est grand.
Sa montre, elle est en or.

– le sujet est «vague» (infinitif, toute une proposition, un terme générique): *c', ce, ça*

Le tabac, c'est mauvais pour la santé.
Critiquer, c'est facile.
Les voitures, c'est cher.
Ce que tu me dis, ce n'est pas nouveau, ça n'est pas nouveau.

NB. Mais on dit: ta critique, elle n'est pas nouvelle. Ta voiture, elle est belle.

b. Sujet + être + adjectif + infinitif

Différencier entre la langue orale, *c'*, et la langue écrite, *il*.
langue orale: C'est difficile de se garer.
langue écrite: Il est difficile de stationner.

c. *Réponses aux questions contenant «c'est»* (*ou «est-ce»*)

Ex. Qui est-ce? Qu'est-ce que c'est? Où est-ce que c'est? A qui est-ce? Comment est-ce que c'est?: C'est Pierre. C'est une pomme. C'est loin. C'est à moi. C'est bien.

d. *Sujet + être + groupe précédé d'un article: c', ce, ça*

Mon père, c'est un homme sévère.
Mon appartement, c'est un HLM.
Ce que tu me dis, ce n'es pas une nouveauté.

e. *Gallicisme de mise en relief*

C'est Pierre qui. . .
C'est la salle dont. . .

Fiche Découverte de Texte

Au cas où vous auriez à aborder des textes littéraires avec vos élèves avancés, que vous vous soyez, ou non, posé la question «Qu'est-ce que la littérature?», cette fiche vous propose:

- une découverte du texte,
- une méthode de lecture,
- une façon d'étudier la langue du texte dans son originalité.

Cette approche tient essentiellement compte de la *situation pédagogique* dans laquelle vous vous trouvez, et non pas des différentes approches critiques que vous pouvez connaître, ou non: critique biographique, psychobiographique, structurale, psychanalytique, sociologique, etc. . .

Ce qui importe, ce sont vos réactions personnelles au texte, que celles-ci soient très élaborées (tributaires de vos précédentes lectures, de textes ou de critiques) ou innocentes, naïves (sans critères conscients d'analyse).

Le texte n'a pas un sens donné une fois pour toutes, par les critiques, par l'auteur.

L'œuvre n'est pas fermée. Elle peut être interprétée de différentes manières, à différentes époques, par différentes personnes. Ce qui compte, c'est:

- le contact personnel que vous aurez avec l'œuvre,
- l'interprétation, fondée sur un *retour constant au texte*, que vous lui donnerez.

Ce sera votre expérience du texte.
Ne croyez pas que, parce que c'est «de la littérature», vous devez aimer obligatoirement, faire aimer, faire admirer.
Demandez-vous lors de votre lecture :

Est-ce que j'aime/je n'aime pas ?

Qu'est-ce que j'aime/je n'aime pas ?

N'en restez pas à vos premières réactions sans les analyser :

Pourquoi est-ce que j'aime/je n'aime pas ?

NB. Dans les contraintes du cadre où vous avez accepté d'entrer (programmes – examens), soyez conscient/e de la tentation de répéter, sans y avoir réfléchi, ce que vos professeurs vous ont dit ou ce qu'ont laissé en vous les livres de «morceaux choisis».

Votre *première lecture* déterminera votre réponse à la première question : Est-ce que j'aime ? Est-ce que je n'aime pas ? Mais ce n'est qu'après plusieurs lectures, qui vous permettront de saisir l'œuvre à plusieurs niveaux, que vous intérioriserez le texte, et que *l'analyse* que vous ferez des éléments qui la composent vous permettra de saisir clairement :

– ce que vous aimez,
– ce que vous n'aimez pas.

Organisez ces *lectures analytiques* en prenant des notes ou, mieux, en remplissant des fiches dont voici quelques exemples.

1ère Phase – Analyse

Composition
Organisation de l'oeuvre.
Découpage en chapitres,
en actes,
en parties.
Contenu de chacune de ces unités.
Rythme : Y a-t-il des temps forts ?
Où sont les temps forts ?
(moments importants.)
● = temps forts

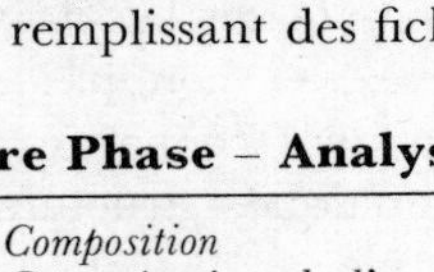

Les thèmes
– Quels sont-ils ?
(amour, révolte, fatalité, engagement, pureté, religion, etc. . .)
– Sont-ils exprimés implicitement ? explicitement ?
– Lesquels sont constants ?
– Lesquels sont les plus développés ? etc. . .

Protagonistes
– Etude descriptive.
Etablissez la fiche d'identité de chaque personnage (ou figure mythique.)
– Etude des rapports entre les personnages.
– Evolution de ces personnages et leurs rapports.
– etc. . .
	La langue
	Notez ce qui vous frappe:
	– longueur des phrases
	– vocabulaire
	  – richesse
	  – argot, etc. . .
	– Registre
	  – recherché
	  – familier
	  – vulgaire
	– images-clés et leur importance etc. . .
	– etc. . .

2ème Phase – Synthèse

Quels rapports percevez-vous entre les différents éléments du texte, que vous venez d'isoler (phase d'analyse)? Par exemple: entre thème/s et personnage/s, entre temps fort/s et image/s. Sentez-vous que ces rapports créent des effets: – dramatiques (au sens de tension), – poétiques (au sens de création verbale). – etc. . .	*Approfondissement de vos réactions personnelles.* – Est-ce que je me sens concerné? enthousiasmé? choqué? agacé? – Est-ce que je trouve ça insipide? ennuyeux? émouvant? dangereux? – Est-ce que ce texte m'ouvre des horizons nouveaux? politiques? psychologiques? sociaux? change ma conception des rapports entre l'individu que je suis et les autres? marque une étape importante dans mon itinéraire (psychologique – affectif – politique – intellectuel)? modifie ma conception de la littérature? *Quoi* dans le texte? *Pourquoi?*

Vous avez maintenant une bonne connaissance de l'œuvre (plusieurs lectures, analyse, synthèse, vérification de vos premières impressions, correction de vos jugements).

C'est maintenant au tour de vos élèves de découvrir le texte pour leur propre compte. Malgré le travail que vous venez de faire, ne vous imposez pas. Laissez-les faire cette découverte à leur rythme, pour eux-mêmes, et créez une situation d'échange où vous pourrez mettre en commun vos expériences du texte.

Comment vous y prendre en classe

Comment aider vos élèves dans leur découverte du texte? Prenez conscience d'une différence fondamentale entre vos élèves et vous: l'aptitude et la capacité à *lire* en français.

Pour vous francophones, lecteurs plus avertis (votre culture, vos études, votre âge), pas de difficultés insurmontables de compréhension.

Pour vos élèves (texte en langue étrangère, âge, réalité culturelle différente), l'épreuve par laquelle ils doivent passer, est une épreuve de déchiffrage, longue, pénible, décourageante.

Rendez-vous compte d'abord que la première lecture ne peut leur donner qu'une perception globale, superficielle de l'œuvre.

Voici un exemple tiré d'une œuvre au programme (A-Level French 1973 – University of London):

«Cette véreuse affaire se fit par l'entremise d'un petit usurier nommé Vauvinet, un de ces faiseurs qui se tiennent en avant des grosses maisons de banque, comme ce petit poisson qui semble être le valet du requin.»

La cousine Bette (1ère partie. p. 167. Ed. Cercle du bibliophile.)

Si *vous* lisez ce texte, vous pouvez ne pas connaître un mot, un expression, mais votre lecture n'est pas arrêtée, vous saisissez facilement l'ensemble du texte.

Imaginez maintenant ce qu'il peut être pour *vos élèves :*

Cette ? affaire se fit par ? d'un petit ? nommé Vauvinet, un de ces ? qui se tiennent en avant des grosses maisons de banque, comme ce petit poisson qui semble être le valet du ?

Le texte devient un texte à blancs, à trous: certains passages, paragraphes restent complètement obscurs, incompréhensibles.

Ce qui veut dire que la première lecture de vos élèves est approximative: ils ne peuvent pas l'interrompre à tout moment pour chercher les mots dans le dictionnaire. Au mieux, ils auront saisi l'œuvre dans ses grandes lignes.

Ces difficultés grammaticales/lexicales vous obligent à passer, avec vos élèves, par une étape supplémentaire.

Aidez-les:

– à exprimer d'abord uniquement *ce qu'ils ont retenu* du texte.
– à le reformuler sous forme de schémas au tableau, de mise en scène, de dramatisation.

Après ce premier travail en commun, ils pourront faire eux-mêmes, pour leur compte, le travail d'analyse que vous avez déjà fait.

Organisez ce travail avec eux:

a. Répartissez les tâches. *Ex.* deux élèves établissent la fiche «composition», deux autres la fiche «protagonistes», etc. . .
b. Laissez à vos élèves le temps de préparer leur travail (éventuellement hors de la classe, entre les cours), si vous n'avez pas de cours rapprochés.
c. Facilitez la mise en commun de la découverte. Enregistrez vos élèves au magnétophone si vous le pouvez.
d. Reprenez, reformulez, récapitulez ce que les élèves auront exprimé. Ecrivez les points essentiels au tableau.
e. Tapez, polycopiez et distribuez aux élèves un document reprenant l'essentiel de ce *qu'ils auront découvert*.

Mais le texte, c'est avant tout de la langue.

Vous avez déjà établi une fiche *Langue* où vous avez noté, au passage, ce qui vous avait frappé.

Vous avez senti que le texte «littéraire» n'avait pas pour but de transmettre des informations, (comparez avec le mode d'emploi d'une machine à laver), mais recélait *une/des intention/s*.

Vous avez senti que la langue se démarquait par rapport à la langue pratique de la communication faite d'effets prévisibles, contrôlables.

De quoi est faite cette rupture ? cette invention ?

Comment l'auteur a-t-il sélectionné et organisé le matériau linguistique ? Qu'est-ce qui fait qu'on peut dire: «Ça, c'est du Camus.» «Ça, c'est du Balzac.» ? (Voir QUENEAU, *Exercices de style* et PROUST, *Pastiches et Mélanges*).

Choisissez *plusieurs passages* (20 à 30 lignes chacun), à étudier ensuite avec vos élèves.

(Il ne s'agira pas de faire dire, à tout prix, à ces passages tout ce que vous avez senti à la lecture, ou ce que vous sauriez déjà de l'auteur).

Ce qu'il faut essayer de faire, c'est une étude de la première réalité du texte: la langue.

Posez-vous la question: «Si je voulais faire un *pastiche* de cette langue, sur quels points est-ce que je travaillerais?

En voici quelques-uns, à titre d'exemple:

Les phrases

Comparez-les au schéma de base: GNS + V + GNC (groupe nominal sujet + verbe + groupe nominal complément). Voyez dans quelle mesure elles s'en écartent. Faites porter votre attention sur:

- l'ordre des termes, (GNS + V + GNC)
- l'absence de l'un des termes,
- la simplicité, ou complexité des phrases, les déterminants adjectifs, adverbes, groupes de «mots» complément . . .,
- la présence ou l'absence de mots de liaison entre les phrases,
- la place des adjectifs (habituelle/inhabituelle),
- la ponctuation ou l'absence de ponctuation,
- l'emploi des temps: présent et/ou passé, passé simple et/ou composé,
- le type de discours, direct ou indirect (dialogue ou récit), etc. . .

Le lexique

Appartient-il à un/des champ(s) sémantique(s) définissable(s)?
Ex. Les couleurs.
La végétation, etc. . .
Images (présence/absence/nombre/variété/banalité/etc. . .),
Vocabulaire rare/banal/philosophique/descriptif/archaïque/etc. . .

Voyez maintenant la combinaison, la répétition, la constance, la fréquence, l'importance relative, des traits que vous aurez relevés dans les différents passages étudiés, et vous percevrez ce qui fait l'originalité de la langue de l'écrivain dans le texte précis que vous étudiez.

Avec vos élèves, vous allez reprendre ces extraits, ou d'autres qu'ils auront choisis, eux-mêmes.

Il faut d'abord qu'ils comprennent le texte, c'est-à-dire qu'ils puissent remplir les blancs. (Voir extrait de *La Cousine Bette*.)

Proposez des synonymes. des paraphrases, en réutilisant les mots et expressions dans d'autres phrases.

Ex. «Cette pomme est *véreuse*, je ne vais pas la manger. Je n'ai pas confiance en ces gens, leur projet me paraît *véreux*.»

Ce travail nécessite énormément de temps. Mais il est indispensable. Et pourtant, après l'avoir fait, vos élèves n'auront encore qu'une connaisance minimale du texte.

Il faut maintenant qu'ils sentent pourquoi et dans quelle mesure la langue du texte est différente de la langue (du manuel) qui leur servait de modèle.

Or, reconnaître les *registres* (familier, pompeux, argotique, etc. . ., ne vous pose pas de problèmes. Pour vos élèves, qui n'ont pas eu l'occasion d'être en contact avec des formes diversifiées du français, c'est quelque chose de très difficile.

Saisir l'organisation originale qu'un écrivain a faite de la langue leur est aussi difficile.

En conclusion

C'est un travail de longue haleine:

- de préparation et de réflexion pour vous,
- de mise en pratique, d'organisation avec vos élèves.

C'est dans *la collaboration avec le professeur* que vous sentirez où et quand votre situation de *francophone* peut aider les élèves à mieux comprendre un texte, (vous êtes, aussi modeste que soit votre rôle, le seul à sentir certaines nuances de la langue, littéraire ou non, que vos élèves étudient.)

NB. Il existe bien sûr de très nombreux ouvrages sur l'écriture et la théorie littéraires. Aucun d'entre eux ne nous a semblé vraiment adapté à vos besoins ni à ceux de vos élèves dont l'apprentissage du français est encore en train de se faire.

Vous aurez pourtant quelquefois besoin de brèves informations sur:

- le contenu d'un livre (dont vous ne pouvez/voulez pas entreprendre la lecture détaillée),
- un auteur que vous connaissez mal.

Il existe pour cela des dictionnaires (œuvres/auteurs/personnages/thèmes).

Si vous n'avez pas ces dictionnaires à votre disposition, vous pouvez à la rigueur vous servir de manuels scolaires du type *Lagarde et Michard*, Ed. Bordas (4 vol.).

Ceci ne remplace en aucun cas la découverte personnelle du texte intégral.

Fiche «Civilisation»

On vous a dit, on vous dira peut-être, que vous êtes un ambassadeur de la culture française. Le professeur va peut-être vous demander de «parler de la civilisation française» à vos élèves.

Ambassadeur, *culture*, *civilisation*, trois mots que vous entendrez souvent, sans toujours bien percevoir ce que veulent dire par là ceux qui les emploient.

Ambassadeur qui ne correspond en rien à votre situation, nous ne l'emploierons pas.

Nous empruntons au Dictionnaire Robert la définition de *culture* (ensemble des connaissances acquises) et de *civilisation* (ensemble des phénomènes sociaux à caractères religieux, moraux, esthétiques, scientifiques, techniques. . ., communs à une grande société. . .)

Culture est quelquefois employé au sens de civilisation. (Il est de culture française.)

Concrètement:
Si vous n'êtes pas un ambassadeur, qu'est-ce que vous êtes? (1.)
De quoi est faite une civilisation? (2.)
Quelles questions l'approche d'une civilisation soulève-t-elle? (3.)
Comment présenter un fait de civilisation? (4.)

1. Si vous n'êtes pas un ambassadeur, on peut dire que vous êtes un *témoin* de la civilisation française, témoin authentique, vivant.

Cela implique que vous partagez avec les autres Français «une communauté de culture». ESCARPIT *Sociologie de la Littérature* «Que sais-je?», p.102: «La communauté des évidences. Toute collectivité «secrète» un certain nombre d'idées, de croyances, de jugements de valeur ou de réalité qui sont acceptés comme évidents et n'ont besoin ni de justification, ni de démonstration, ni d'apologétique.»

Ceci n'exclut pas que vous ayez une histoire individuelle, liée à celle de votre groupe social et que c'est à travers ce groupe (son niveau d'instruction, son pouvoir d'achat, son origine ethnique, régionale) que vous avez d'abord vécu la civilisation française, et la perception que vous en avez est fonction des caractéristiques de ce groupe.

2. Quelles composantes entrent dans le champ d'une civilisation, pour vous la civilisation française?
- une composante linguistique qui soude le groupe constitué,
- une composante géographique (ressources naturelles, climat, relief . . .),
- une composante politique (institutions, vie),
- une composante économique (organisation, développement, vie),
- une composante sociale (population, pyramide des âges, répartition des groupes socio-professionnels, mode de vie des différents groupes . . .),
- une composante culturelle (héritage culturel, traditions, religions, valeurs morales, éducation, vie culturelle) . . .

3. Des remarques s'imposent:
- une langue commune, mais avec des variétés régionales, et surtout des parlers de classe,
- un héritage culturel (faits véritables ou mythes) transmis depuis l'école primaire, mais distribué et reçu tout à fait différemment selon les orientations scolaires et le groupe social.

Des questions se posent:
- Cet ensemble de composantes est-il cohérent? harmonieux? sans points de blocage?
- Où se trouvent les écarts significatifs entre deux groupes, parlant la même langue, les Belges et les Français, par exemple?
- En quoi cet ensemble de composantes est-il original? Ne parle-

t-on pas aussi de «civilisation occidentale» ?

– Où se trouvent les écarts significatifs entre deux communautés voisines, les Anglais et les Français, par exemple ?
  Un système économique commun ne rapproche-t-il pas un professeur français et un professeur anglais, un mineur du Yorkshire et un mineur du Pas-de-Calais, un cadre supérieur de Leeds et un cadre supérieur de Lyon, plus que l'héritage culturel ou la langue ne les séparent par exemple ?

4. Pour essayer d'y voir clair dans cette «réalité française», liée au passé, mais toujours en train de se faire et où tout s'enchevêtre, partez de votre expérience de *témoin*, plutôt que de décrire des généralités.

Votre famille :

– mode de vie (alimentation, logement, vêtements, loisirs,)
– rapports familiaux, discipline,
– vos études à l'école primaire, au lycée, à l'Université, les choix que vous avez faits, qui vous étaient offerts, que vous auriez aimé pouvoir faire, internat, externat,
– vos loisirs.

Votre ville/votre village :

– ses ressources économiques (usines, ateliers . . .), culturelles (musées, églises, ruines, théâtres, cinémas . . .),
– son portrait sociologique (types de classes représentées),
– son équipement collectif (stade, piscine . . .), administratif (mairie . . .),
– son développement dans les 10 dernières années.

Votre région :

– son originalité physique, culturelle, économique, gastronomique . . .

Vous :

Vos champs d'intérêts : dans le domaine sportif, culturel etc. . .
Vos lectures «sérieuses», «moins sérieuses», de détente.
Vos distractions, vos passe-temps, vos loisirs . . .
NB. Même vos expériences les plus banales (repas de famille, par exemple) peuvent intéresser vos élèves.

Cela ne veut pas dire que vous deviez vous limiter à votre expérience, mais faites-en le point de départ de votre présentation.

Exemple : On vous demande de parler des loisirs en France.

Dans votre démarche, pensez à ces trois volets (voir tableau p. 44) :

– ce que j'ai vécu (je vis)
– ce qui existait (existe) dans ma communauté, localité, région
– en quoi est-ce que mon expérience est typique, représentative ?

N'essayez pas de répondre à la question globale : «Comment vivent les Français ?»

Evitez les simplifications excessives qui amènent souvent des caricatures, essayez d'êtes *concrets*. Montrez par exemple à vos élèves comment vit le médecin de province que vous connaissez, ou l'agriculteur des Charentes, ou le père d'un ami, OS dans la région parisienne.

Essayez d'être *précis* : étudiez leur niveau de vie, leur salaire, leur logement, leur emploi du temps hebdomadaire, leur formation, leur place dans l'échelle sociale, leur orientation politique, leur/s voiture/s, etc.

Mettez des *documents* dans la main de vos élèves.

Vous parlez de votre ville : vous la situez géographiquement à l'aide d'une carte de France, de la région ; vous en montrez la configuration à l'aide d'un plan ; vous la décrivez d'un point de vue économique, sociologique, culturel, touristique, à l'aide de brochures, photos, statistiques, programmes de cinéma, etc. (Syndicat d'Initiative, coupures de presse, . . .)

Vous trouverez dans la *Fiche Bibliographie* quelques titres d'ouvrages qui pourront vous aider.

Mais résistez à la tentation de répéter à vos élèves des chapitres sur les partis politiques, la famille française, etc. . .

Faites vraiment, de votre expérience, le point de départ.

La lecture quotidienne, ou hebdomadaire de la Presse française vous permettra d'élargir cette expérience et vous donnera des informations statistiques indispensables.

I	II	III
Mon expérience – Où ? Quand ? Comment ? Moi, individu X . . . • jusqu'à 11 ans, j'ai *joué librement* avec mes copains le jeudi, au week-end, pendant les vacances. • quels jeux ? • à 11 ans, équipe de foot au lycée le jeudi. • piscine. • livres de la bibliothèque du lycée. • cercle folklorique (sorties le dimanche dans les villages des environs . . .) • etc. . .	Ressources du contexte dans lequel j'ai vécu (que j'en aie profité ou non) • le mouvement scout • colonies de vacances municipales • centre aéré • vacances familiales • camping • VVF (Villages Vacances Familles) • pensions de famille . . . • clubs privés, payants • bibliothèque municipale • Auberges de Jeunesse • Maison des Jeunes et de la Culture • Mouvements de jeunesse • etc . . .	Mise en rapport de mon expérience avec un contexte plus général Une lecture régulière de la presse vous permettrait de relever des points généraux : • loisirs quotidiens/hebdomadaires • vacances liées ou non aux congés scolaires • équipement public/privé • Paris – Province • exode des vacances – exceptions (agriculteurs . . .) • zones touristiques privilégiées, etc . . .

Les rapports entre la colonne I et la colonne III seront évidemment fonction

– du milieu social,

– du contexte urbain, rural,

– du contexte géographique, économique,

dans lesquels se déroule votre expérience.

Fiche Dessin

Fig. 1 Tracez d'abord les médianes de l'espace à occuper, cela aide à situer le personnage (et les objets éventuels). Ici, il sera debout et seul, donc le pull est milieu de la page.
Fig. 2 Les membres sont faits de deux traits de longueur égale reliés par une sorte de demi-cercle destiné à indiquer les articulations. Les jambes sont légèrement plus longues que les bras. On peut doubler ces lignes par une parallèle sur laquelle l'articulation ne sera pas indiquée. Voir Fig. 5.
Fig. 3 Le cou est fait selon le même principe. Pour le personnage

féminin, ne pas indiquer la pomme d'Adam.
Fig. 4 La tête a la forme d'un œuf, sur lequel on fait deux points pour les yeux, un rond pour la bouche ouverte, un trait pour la bouche fermée. Voir aussi Fig. 7.
Fig. 5 Les chaussures sont deux trapèzes rectangles.
Fig. 6 Les mains sont constituées de trois traits: un pour la direction des doigts, un pour la paume, et un troisième pour le poignet.

Faire les doigts comme des pétales de marguerite.

Le pouce étant opposable aux autres doigts, le dessiner à partir de la paume.

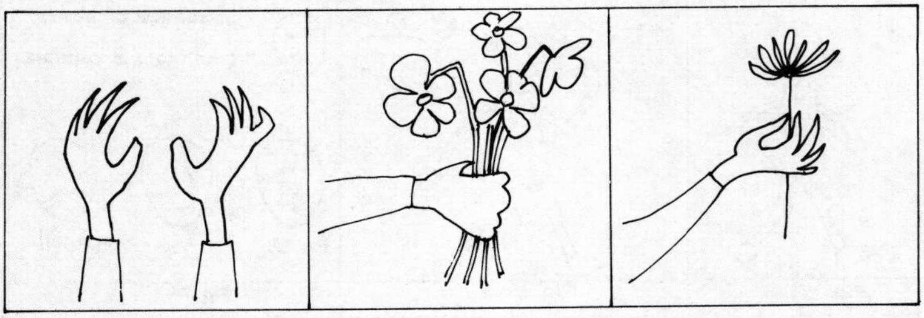

Le personnage en situation: quelques exemples de mouvements schématisés.

Fiche Matériel Pédagogique

1. Matériel

Tableau Noir

N'ayez pas peur d'écrire au tableau noir comme on écrit à l'école primaire, c'est-à-dire d'une façon très régulière et impersonnelle. Ce qui compte, c'est la clarté pour vos élèves.

N'écrivez pas dans tous les sens. Effacez dès que c'est nécessaire.

Vous pouvez aussi prendre l'habitude de toujours écrire, par exemple, à gauche les mots masculins, à droite les mots féminins.

Ayez toujours de la craie.

Les tableaux sont quelquefois blancs. Dans ce cas, on y écrit avec des marqueurs.

Magnétophone

Vous en trouverez probablement un à l'école.

Si vous voulez en acheter un, choisissez de préférence un magnétophone portatif, à micro incorporé, et à cassettes (les cassettes sont standardisées).

Ce sont les plus petits, les plus légers et les plus pratiques. Mais ne vous attendez pas, avec ce type d'appareil, à une reproduction de haute fidélité. Entraînez-vous à le manier parfaitement bien (compteur, bouton-pause, orientation, micro, etc. . .)

Utilisations

En classe, prenez l'habitude de vous en servir souvent, surtout avec les petits groupes.

Demandez aux élèves, un à un, s'ils acceptent d'être enregistrés au cours de l'activité choisie. S'ils sont réticents, n'insistez pas.

Réécoutez avec eux l'enregistrement, par petits morceaux de très courte durée, une ou deux phrases, par exemple.

Faites découvrir une ou deux fautes de prononciation, de grammaire, et faites trouver la prononciation correcte, la construction correcte par le groupe entier.

NB. Cette activité est faite pour encourager les élèves et non les démoraliser. Insistez donc sur ce qui est bon. Utilisez aussi le magnétophone pour les exercices d'écoute. (Voir *Activités*). Utilisez-le pour vos enquêtes. (Voir Chap. 5.)

Récepteur-enregistreur (*radio-cassette*)
Il en existe de portatifs – à cassettes (standardisées). Ils sont un excellent outil pour votre apprentissage de l'anglais puisqu'ils permettent l'écoute et l'enregistrement (simultanés) des programmes de radio. Munis d'un micro, ils peuvent aussi fonctionner simplement comme magnétophones.

Rétro-projecteur (*overhead projector*)
Il permet la projection de documents, sur le tableau, derrière vous, sans que vous ayez à tourner le dos à votre public.

Vous écrivez sur le rouleau de plastique, au crayon feutre. Ou bien vous placez sur le rétro-projecteur votre document (par exemple le plan de votre exposé) déjà préparé sur une feuille spéciale de plastique (transparents – transparencies).

Des transparents sont aussi en vente dans le commerce (*Cartes de France*, par exemple).

Tableau de feutre et figurines (*flannelgraph – figurines*)
C'est un carré d'environ 1 m × 1 m, en feutrine, bleu marine.

Vous l'accrochez au mur (punaises ou scotch) de façon à ce qu'il soit bien lisse. Il suffit que vous posiez les figurines faites de papier floqué (flocked paper) sur le feutre pour qu'elles tiennent.

Il existe des jeux de figurines standard, en particulier les figurines Istra comprenant des personnages, des animaux, des éléments de décor, la rue, la maison, le jardin, etc. . .

La méthode *En avant* comprend un tableau de feutre blanc et des figurines de couleur.

Le papier floqué blanc et de couleur s'achète aussi par feuille et vous permet de faire vos figurines, vous-même, soit que vous les dessiniez, soit que vous colliez des illustrations découpées dans des revues.

En France: Istra. Voir *Adresses Utiles*.
En Angleterre: Matthew Drew & Shelborne, 78 High Holborn, Londres WC1.

Utilisation
Les figurines permettent d'illustrer visuellement ce que vous dites.

Vous pouvez par exemple, en faisant vos figurines vous-même, raconter des histoires. Les élèves peuvent en faire autant.

2. Reproduction de documents

Les documents peuvent être reproduits:

- par stencil ordinaire (dactylographier les textes sur le stencil).
- par stencil électronique (ronéotherm). Ces derniers sont très pratiques en ce sens qu'ils permettent la reproduction de documents manuscrits, dactylographiés, imprimés, dessinés sur papier ordinaire.
- par duplicateur à alcool (banda machine). Reproduire à la main sur papier spécial le texte ou le dessin choisi.
- par photocopieuse.

Ces procédés sont plus ou moins coûteux. Votre école a certainement l'un ou l'autre de ces moyens de reproduction.

NB. La reproduction des documents est soumise à des lois très strictes (copyright). Renseignez-vous à l'école.

3. Documents pour la classe

Affiches et dépliants

«Sopexa»: affiches et dépliants gratuits sur vins et fromages. Voir *Adresses Utiles.*

Chemins de fer français: dépliants, brochures gratuits sur demande, affiches envoyées gratuitement sur demande, seulement pour manifestations spéciales (par exemple: promotion ferroviaire, expositions).

Les affiches touristiques régionales sont en général vendues dans les Syndicats d'Initiative.

Dépliants touristiques: voyez le Syndicat d'Initiative de votre ville.

Argent factice. Billets et pièces scolaires. Colin. Scolavox.

Diapositives – Disques – Dossiers photographiques peuvent être empruntés dans les Blocs Pédagogiques. Ce sont de petits centres qui sont approvisionnés en matériel didactique par le Service Culturel de l'Ambassade de France. Certains sont gérés bénévolement par des responsables britanniques et n'assurent pas le prêt par correspondance. Voir *Adresses Utiles.*

Documents sonores (Voir *Fiche Bibliographie*, «*civilisation*»)

Films

Pour l'enseignement du français – Blocs Pédagogiques. (Voir ci-dessus.)

Pour l'enseignement de la civilisation – films en couleurs, attrayants, récents. Ecrivez pour renseignements à Mary Glasgow Publications Ltd. Voir *Adresses Utiles*.

Courts métrages – documentaires – I.F.R.U. – Service du Film. Ecrivez pour demander catalogue et montant des prêts et frais d'envoi. Voir *Adresses Utiles*.

Jeux éducatifs

Il en existe beaucoup chez Nathan (lotos, etc.).

Journaux pour l'apprentissage du français

Jeux, actualités, photos, recettes de cuisine, bandes dessinées, devinettes, mots croisés, etc. . . et fiches pédagogiques.

Mary Glasgow Publications Ltd:

Boum: 7 à 11 ans
Bonjour: débutants de 11 ans
Ça va: adolescents en 2ème ou 3ème année de français
Chez nous: élèves de 4ème ou 5ème année de français

Hachette:

Feu Vert: écrit avec un vocabulaire de 300 mots,
Quoi de neuf: écrit avec un vocabulaire de 700 mots,
Passe-Partout: écrit avec un vocabulaire de 1300 mots.

Livres

Prêts par correspondance – I.F.R.U.

Radio et Télévision

Cours de français, manuels, disques, guide pour le professeur: B.B.C. et Thames T.V. Voir *Adresses Utiles*.

Fiche Bibliographie

Nous citons dans cette fiche:

– les ouvrages qui peuvent vous être utiles parmi ceux dont nous nous servons nous-mêmes,

– les ouvrages et les brochures qui nous ont servi de sources d'information, en particulier pour le chapitre 4.

Langue

P. ET M. LEON *Introduction à la phonétique corrective* Hachette, 98 pages.

J. CAPELLE *Manuel programmé d'introduction à la phonétique et à la phonologie française*: I. Transcription phonétique, II. Articulation, III. Phonologie – B.E.L.C. 85, 160 et 85 pages.

M. LEON *Exercices systématiques de prononciation française* I. Articulation, II. Rythme et intonation. Hachette, 115 et 115 pages.

P. LEON *Prononciation du français standard* Didier, 186 pages.

Le français fondamental Ier degré, IIème degré. S.E.V.P.E.N. 73 et 63 pages.

A. SAUVAGEOT *Français écrit, français parlé* Larousse, 236 pages.

Dictionnaire (il vous en faut un absolument)

Petit Robert.

ou *Dictionnaire du français contemporain*, avec livret méthodologique.
ou *Petit Larousse.*

Grammaire

Il est difficile de recommander une «bonne» grammaire. Utilisez celle qui vous est familière.

Chaque fois que vous vous poserez la question «Est-ce que c'est correct?», vous trouverez la réponse dans: GREVISSE *Le bon usage* (normatif, volumineux, nombreux exemples de langue écrite, surtout littéraire).

Découverte du texte

PROUST *Pastiches et mélanges* Gallimard: Collection Idées.

QUENEAU *Exercices de style* Gallimard.

SARTRE *Qu'est-ce que la littérature?* Gallimard.

C. ROY *Défense de la littérature* Gallimard.

A. NISIN *La littérature et le lecteur* Editions Universitaires.

R. BOURNEUF ET R. OUELLET *L'univers du roman* P.U.F. (voir notamment la bibliographie).

Civilisation

L'enseignement de la Civilisation, sous la direction de A. Reboullet. Hachette, Collection F – 1973. 285 pages. Recueil d'articles, suggestions pédagogiques, éléments de bibliographie.

G. DUBY ET R. MANDROUE *Histoire de la civilisation française* 2vo lumes. A. Colin – Collection U. I: Moyen Age et XVIème siècle (360 pages) – II: XVIème – XXème siècles (384 pages).

G. MICHAUD *Guide France: Manuel de civilisation française* Hachette, 1969. 286 pages (s'en servir comme d'un dictionnaire).

R. GIROT ET F. GRAND-CLEMENT *Comment vivent les Français* Hachette, 1972 – 125 pages.

M. PAOLETTI *Civilisation française contemporaine* Hatier, 1972 – 191 pages.

Collection Civilisation. Hachette. Textes en français facile – 80 pages environ:

– La vie politique en France
– La chanson française
– le cinéma français
– La Bretagne
– La cuisine française (en préparation).

Vos anciens manuels d'Instruction civique.

Dossiers et Documents du *Monde*. 4 pages environ contenant des articles déjà parus, regroupés par thème. (*Ex.* la régionalisation, l'école, etc.)

Série A *Vie Sociale et politique.*

Série B *Economie et Société.*

Techniques de la classe

Group-work in modern languages. University of York. (Ce qu'est le travail de groupe, pourquoi, comment l'utiliser.) 95 pages

G. ROMARY *L'Utilisation du tableau de feutre dans l'enseignement des langues vivantes, maternelles ou étrangères.* Hachette, 16 pages.

C. STOURDZE *La reconstitution de texte* Le Français dans le Monde, n°17, Hachette.

E. WAGNER *De la langue parlée à la langue littéraire* Hachette/ Larousse.

Utilisation de textes sonores pour étudiants avancés:

Langue et civilisation – Niveau 2. 12 dossiers pour la classe. B.E.L.C., 1971. XIII, 93 pages, une bande magnétique.

Dossiers expérimentaux pour l'enseignement au Niveau 2 (dossiers A,B,C,D,E) B.E.L.C., 1971. 128 pages, une bande magnétique.

Eléments de civilisation liés à la pratique de la langue:

L'immobilier. B.E.L.C., 1972. 79 pages.

La femme en France. B.E.L.C., 1972. 57 pages.

Les travailleurs étrangers. B.E.L.C., 1972. 69 pages.

L'enseignement secondaire en France. B.E.L.C., 1972. 40 pages.

Le théâtre. B.E.L.C., 1972. 77 pages.

La politique en France. B.E.L.C., 1973. 56 pages.

Vin, cuisine, mode. B.E.L.C., 1972. 133 pages.

Les Français et le temps: l'emploi du temps d'un cadre – les transports parisiens – les vacances. B.E.L.C. 1973. 125 pages.

Une vie de famille en France: une famille française – le budget familial. B.E.L.C. 138 pages, accompagnés de bandes magnétiques.

Le Français dans le Monde. Hachette. 8 numéros par an. Si vous le pouvez, consultez les numéros déjà parus. Vous y trouverez des articles (civilisation, langue, littérature, linguistique appliquée), des exemples d'activités pour la classe qui vous seront utiles.

M. BUCKBY, D. GRANT *Faites vos jeux*. Nuffield Foundation, 1971. 82 pages. (Description d'activités pour enfants 8–9 ans, débutants, utilisant le manuel *En Avant*.)

W. R. LEE *Language Teaching Games and Contests*. Oxford University Press, 1965. 167 pages. (Jeux utilisés par l'auteur dans son enseignement de l'anglais, langue étrangère.)

Lifeline: Sensitivity, Point of view, collection 'In other people's shoes' Longman. Pochette de dessins cartonnés, réalisés pour l'enseignement de l'anglais, langue maternelle (techniques d'expression). Peut utilement être employé pour l'activité *Discussions*.

Demandez aux professeurs d'anglais s'ils ont ce type de documents. Empruntez-les leur.

CAPELLE *La France en direct* III. Hachette, 366 pages.

Vous y trouverez des idées non seulement pour les activités *Discussion* et *Débats*, mais surtout pour une présentation amusante des thèmes.

L'Education au Royaume-Uni

The Educational system of England and Wales. D.E.S.

Education in Scotland in 1972 A report of the Secretary of State for Scotland H.M.S.O.

Public Education in Scotland S.E.D. H.M.S.O.

Education in Scotland: some facts and figures S.E.D., 1972.

Education in Northern Ireland H.M.S.O., 1971.

Ulster Year Book H.M.S.O., 1973.

T. BURGESS *A Guide to English Schools* English Books, 1973.

R. PEDLEY *The Comprehensive School* Penguin Books, 1972.

J. PRATT, T. BURGESS, R. ALLEMANO AND N. LOCKE *Your local Education* Penguin Books.

R. BUXTON *Local Government* Penguin Books, 1973.

I.L.E.A. Guide – 1973–74 County Hall, London.

M. KOGAN AND W. VAN DER EYKEN *The role of the Chief Education Officer* Penguin Books.

Vos études d'angliciste

A. S. HORNBY *Oxford Advanced Learner's Dictionary of Current English* Oxford, 1974.

R. QUIRK AND S. GREENBAUM *University Grammar of English* Longman, 1973. 484 pages.

R. QUIRK *The Use of English* Longman, 1968. 370 pages.

A. C. GIMSON *An Introduction to the prononciation of English* Arnold, 1962. 2ème édition 1970. 320 pages.

3
Que Faire en Classe: 35 Exemples d'Activités

Tableau des activités

Objectifs		Activités	Durée	Matériel	Niveau			Page
					El.[1]	Int.[1]	Av.[1]	
Ecouter et *Comprendre*	1	Devinettes	qq min.		+	+	+	p.62
	2	Loto Images	10'	jeu de loto (à confectionner)	+	+		p.64
	3	Loto Nombres	10'	jeu de loto	+	+		p.63
	4	Loto Phonétique	10'	jeu de loto (à confectionner)	+	+	+	p.65
	5	Exploitation d'un texte oral	de préférence double period	1 bon magnétophone 1 texte oral enregistré 1 ex. de transcription par élève			+	p.66
Parler 1) Sons isolés	6	Le Pendu	10'	Tableau noir, craie	+	+	+	p.69

[1] El.: élémentaire Int.: intermédiaire Av.: avancé

Tableau des activités

Objectifs		Activités	Durée	Matériel	Niveau			Page
					El.[1]	Int.[1]	Av.[1]	
	7	Jeu des mariages	20'	jeu de cartes (à confectionner)	+	+		p.71
	8	Jeu des 7 familles	30'	jeu de cartes	+	+	+	p.74
2) Mini-dialogues	9	Jeu des dessins-réponses	20'	cartes à confectionner		+		p.76
Mini-dialogues (suite)	10	Jeu des 5/10 objets	20'	5 ou 10 objets	+	+		p.80
	11	Jeu de la Marchande	30'	pièces et billets scolaires, marchandises	+	+		p.81
	12	Jeu de la roulette	20'	roulette, carton, pièces ou jetons	+	+		p.83
	13	Jeu du portrait	5–10'		+	+	+	p.85

[1] El.: élémentaire Int.: intermédiaire Av.: avancé

Tableau des activités

Objectifs		Activités	Durée	Matériel	Niveau			Page
					El.[1]	Int.[1]	Av.[1]	
	14	Tipoter	5–10’			+	+	p. 86
	15	Jeu du métier	5–10’			+	+	p. 87
	16	Jeu du plan	30’	un plan simplifié par élève		+	+	p. 87
	17	Jeu de la carte	30’	une carte de France par élève		+	+	p. 89
3) Questions réponses plus variées	18	Fiches de cuisine	40’	fiches du type «*Elle*»		+	+	p. 90
	19	Jeu de questions-réponses	30’	jeu à confectionner		+	+	p. 91
	20	Affiches publicitaires	30’ 1 heure	reproductions d’affiches			+	p. 93

[1] El.: élémentaire Int.: intermédiaire Av.: avancé

Tableau des activités

Objectifs		Activités	Durée	Matériel	Niveau			Page
					El.[1]	Int.[1]	Av.[1]	
	21	Jeu du petit objet	10'–15'	un petit objet			+	p. 98
	22	Jeu des situations	30'	des cartes à rédiger		(+)	+	p. 99
	23	Re-création de texte	30' 1 heure	un texte polycopié par élève		(+)	+	p. 101
	24	Débat	30' 1 heure	un tableau noir			+	p. 105
4) Dialogues plus élaborés	25	Discussions	30' 1 heure	des textes polycopiés			+	p. 107
	26	Charades	15'	un tableau noir		+	+	p. 111
	27	La phrase continuée	5–10'	un tableau noir (ou non)	+	+	+	p. 113
5) Récits	28	Création de texte	30' 1 heure	un tableau noir	+	+	+	p. 113

[1] El.: élémentaire Int.: intermédiaire Av.: avancé

Tableau des activités

Objectifs		Activités	Durée	Matériel	Niveau			Page
					El.[1]	Int.[1]	Av.[1]	
Lire et *Ecrire*	29	Histoire sans paroles	30' 1 heure	un exemplaire de la séquence d'images par élève		+	+	p. 116
	30	Tarte aux pommes	30'–40'	une reproduction des dessins par élève	+	+	+	p. 121
	31	Puzzle	30'–40'	cartes-dessins, cartons-mots à confectionner	+			p. 123
	32	Jeu du télégramme	30'–40'	formules de télégrammes – tableau noir		+	+	p. 125
	33	Petites annonces	30'–40'	p.annonces polycopiées			+	p. 129
	34	Mots croisés	30'	grilles polycopiées	+	+	+	p. 131
	35	Préparation aux épreuves écrites d'examens		épreuves polycopiées			+	p. 132

[1] El.: élémentaire Int.: intermédiaire Av.: avancé

NB. De façon générale, les activités sont prévues pour de petits groupes (4 à 8 élèves).

Devinettes

Niveau: élémentaire, intermédiaire, avancé.

Objectifs

– Faire écouter,
– Utiliser le vocabulaire connu,
– Mettre en train, varier, remplir un temps mort.

1. Niveaux élémentaire et intermédiaire

Préparez vos devinettes, manuel des élèves en main.

Ex.

1. Il est jaune,
Il est rond.
Qu'est-ce que c'est?

2. Elle est froide,
Elle est bonne,
On la mange en été,
quand il fait chaud.
Qu'est-ce que c'est?

3. Il est rouge,
Il est bon,
On le boit.
Qu'est-ce-que c'est?

4. Il est noir,
Il adore le lait.
Qu'est-ce que c'est?

Réponses: 1. le soleil 2. une glace 3. le vin 4. un chat

2. Niveau avancé

1. Il est rond,
Il est plat,
Il est noir.
Qu'est-ce que c'est?

2. Ça se porte autour du cou,
on en met de moins en
moins.
Qu'est-ce que c'est?

3. C'est une boîte,
Elle est noire,
On la met près de l'œil.
Qu'est-ce que c'est?

4. On la met dans un trou,
Sans elle on risque de passer
la nuit dehors.
Qu'est-ce que c'est?

5. Elle est bleue, verte ou grise,
Elle est calme ou agitée.
Qu'est-ce que c'est?

6. Il est creux,
Il fume quelquefois.
Qu'est-ce que c'est?

Réponses: 1. un disque. 2. une cravate. 3. un appareil-photo. 4. une clef. 5. la mer. 6. un cendrier.

NB. Ayez-en beaucoup à votre disposition: c'est la rapidité du jeu qui anime la classe. Demandez à vos élèves d'en composer, deux par deux, ou en petits groupes.

Jeu des Lotos

Niveau: élémentaire, intermédiaire, avancé.
Objectif:
Entraîner les élèves:
- à écouter
- et, en particulier, à faire la différence entre des sons très voisins.
- à mémoriser.

Préparation

Il existe souvent des lotos dans le matériel de la section de français. (Voir *Doc.F.*)

Vous pouvez aussi en faire vous-même. (Voir *Fiche Dessin.*)

Dans ce cas:
- préparez des cartes d'environ 18 × 12 cm (une par élève). Pour le niveau élémentaire, pas plus de 4 images ou 4 nombres par carte.

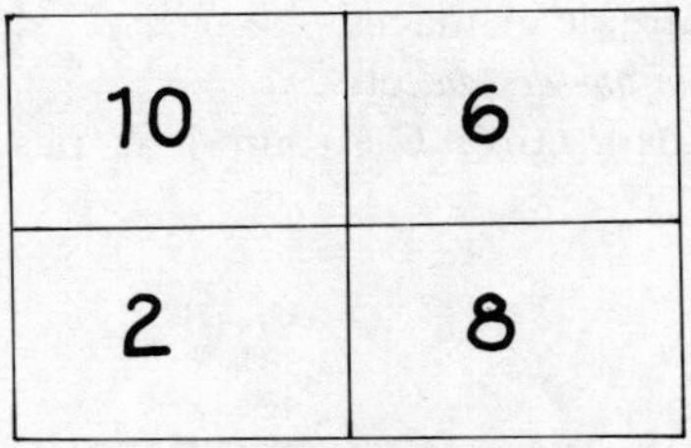

- reproduisez les chiffres/nombres et les dessins isolément sur de petits cartons de la taille des cases.

Déroulement

Il est le même pour tous les types de loto (chiffres/nombres, vocabulaire, phrases, phonétique).

1. Distribuez les cartes (une par élève, ou une pour deux élèves).
2. Gardez les petits cartons (dans une enveloppe, une boîte, etc . . .).
3. Si vous jouez pour la première fois, expliquez la règle du jeu.

Vous tirez un par un les petits cartons (sans les montrer) en disant ce qu'ils représentent: *Ex.* des nuages. L'élève qui a le dessin sur sa carte doit dire: «Moi, j'ai des nuages.» Vous lui donnez le carton qu'il met sur sa carte. C'est l'élève qui a le premier sa carte remplie, qui gagne.

Quand toutes les cartes sont remplies, vous pouvez recommencer le jeu:

– vous demandez aux élèves d'échanger leurs cartes,
– vous faites tirer les cartons par un élève.

Votre rôle

Articulez clairement mais sans faire de grimaces.

Devant chaque nom, employez *un/une/des/du*, etc . . .

Répétez souvent le nom du carton tiré. C'est un jeu, pas un examen.

Exemple de loto-images

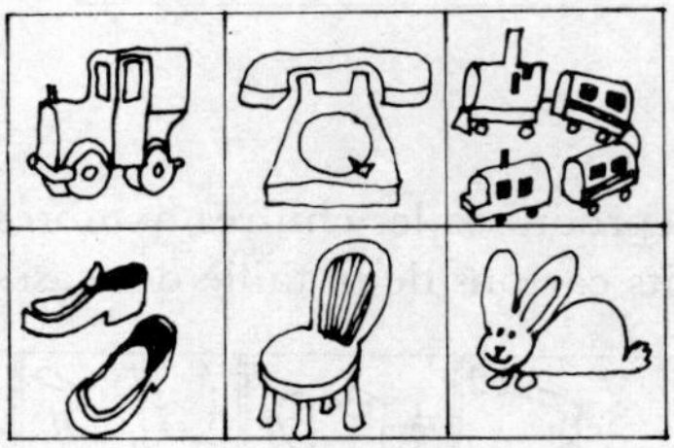

Exemple de loto de phonétique
Objectifs : faire la différence entre *un bain/un banc – un bas/un bar/ du beurre – un pain/un pont – du vin/du vent – des cheveux/des chevaux – il/elle – il/ils – des/deux – sur le/sous l' –*

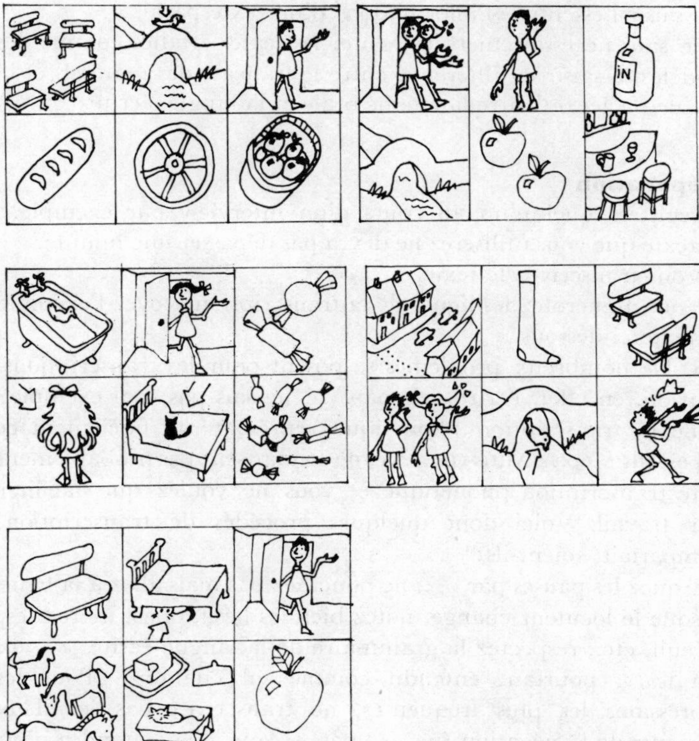

Exploitation d'un Texte Oral

Niveau: avancé.
Objectifs: entraîner les élèves:
– à l'écoute du français oral contemporain,
– à saisir l'essentiel (l'information) d'un texte parlé,
– et, sans nécessairement présenter les textes étudiés comme des modèles, à saisir la différence entre le français des manuels et la langue parlée, et entre la langue orale et la langue écrite.

Préparation

Enregistrer quelqu'un au cours d'un interview par exemple. (le texte que vous utiliserez ne devra pas dépasser une minute.)

Vous transcrivez le texte.

Vous numérotez les lignes de la transcription (voyez l'exemple de texte ci-dessous.)

NB. De nombreux problèmes se posent pour les transcriptions. Peut-on, en effet, écrire «chepa» (je ne sais pas) par exemple? Seule la transcription phonétique représenterait fidèlement ce qui est dit (ʃepa). Mais vos élèves ne connaissent pas probablement cette transcription phonétique et vous ne voulez que faciliter leur travail. Voici donc quelques procédés de transcription, si imparfaits soient-ils:

Marquez les pauses par . . ., ne ponctuez pas mais allez à la ligne lorsque le locuteur change, notez bien les hésitations, les redites, les euh, etc., respectez la grammaire de la langue écrite (*ex.* «ils chant*ent*», pourtant entendu comme «il chante»). Pour les expressions les plus fréquentes, ne transcrivez pas les deux éléments de la négation (ne . . . pas) si vous n'en entendez q'un (*ex.* c'est pas, j'sais pas).

Vous polycopiez les transcriptions: un exemplaire par élève.

Vous polycopiez une liste de questions à propos du texte (si vous pensez l'utiliser au laboratoire).

Vous vous familiarisez avec le magnétophone de l'école: sachez utiliser le compteur (indispensable), le bouton-pause, etc. . . .

NB. Cet exercice doit se faire dans de très bonnes conditions d'écoute. Les meilleures conditions seront probablement réalisées au laboratoire.

Déroulement

En classe :

1. Vous commencez comme au jeu du portrait. Vous dites à vos élèves que vous avez là un texte oral et vous les invitez à deviner, en gros, ce dont il s'agit :

Quelqu'un parle. Qui ? Un coiffeur ? Le président de la République ?

Il raconte quelque chose. Quoi ? Un souvenir de guerre ? Une histoire d'amour ?

Qui sont les personnages. Un facteur ? Un enfant ?

Quand est-ce que ça se passe ?

Où est-ce que ça se passe ?

Faites des colonnes au tableau et inscrivez-y les éléments d'information devinés :

Quoi ?	Qui ?	Quand ?	Où ?

Cet échange de questions-réponses doit être rapide et court (quelques minutes). Vous mettez les élèves sur la voie s'ils sont trop loin du texte.

2. Vous faites *écouter* le texte une première fois, (si vos élèves sont déroutés, rassurez-les : cet exercice n'est pas facile) puis une deuxième fois.

3. Pendant cette deuxième écoute, les élèves écrivent *les mots-clés*, c'est-à-dire les mots porteurs de l'information.

4. Après la deuxième écoute, vous écrivez *les mots-clés* au tableau, sous la dictée des élèves.

5. Troisième écoute : chacun vérifie les mots-clés tels qu'ils figurent au tableau. L'essentiel du message est maintenant assez bien compris. On peut passer à une étude plus détaillée.

6. Vous distribuez la transcription. La première fois, les élèves seront sans doute très étonnés par ces lignes qui ne ressemblent en rien aux lignes écrites qu'ils lisent d'habitude (ici : pas de ponctuation, mais des répétitions, hésitations, etc. . . .)

7. On réécoute le texte, transcription en main. Vous expliquez ce qui n'a pas été compris.

8. Chaque élève essaie de redire oralement quelques lignes, en imitant l'intonation du locuteur enregistré.

9. Vous réfléchissez avec les élèves sur les caractéristiques de la langue.

Langue écrite	*Langue orale*
Ponctuation.	Intonation.
Tous les mots sont écrits.	Tous les mots, toutes les syllabes ne sont pas prononcés.
Toutes les syllabes sont écrites.	Hésitations, retours, bégaiements : on organise sa pensée tout en parlant, on se sert de «béquilles» : enfin, vous voyez, n'est-ce pas, alors, bon, etc. . . .
Pas de bavures (on a réfléchi, corrigé, simplifié).	

Le vocabulaire est-il spécifique de la langue parlée ?

Y a-t-il des mots qu'on dit et qu'on n'écrit pas ? cf. ci-dessous : *la pièce marche – quand même.*

Y a-t-il des mots à la mode ? des mots sauvages ?

La syntaxe : phrases inachevées, incomplètes,
– rôle de l'intonation qui remplace souvent les conjonctions,
– les mots de coordination.

La «correction» grammaticale : cf. ci-dessous : «encore qu'il y a (sic) plus de bons films que si on compare aux films de télévision (sic).»

La «correction» phonétique : cf. ci-dessous : «plu*s* de bons films. . . .»

10. Vous faites réécouter une dernière fois le texte, sans la transcription.

11. Vous pouvez aussi demander aux élèves de *résumer*, par écrit, les informations données dans le texte oral.

Ou bien, vous demandez aux élèves d'essayer de «traduire» en langue écrite quelques lignes de la transcription, comme si les informations n'étaient plus dites, mais écrites sous forme d'article de journal par exemple.

Au laboratoire

1. Une fois vos élèves *habitués* à ce genre d'exercice, si vous avez un laboratoire, vous pouvez leur demander de faire la transcription d'un texte. Ne les pressez pas. Laissez-les travailler à leur rythme : écouter d'abord plusieurs fois, retenir les mots-clés, comprendre le texte globalement, répondre par écrit aux questions polycopiées.

2. Vous distribuez votre transcription et chaque élève réécoute la bande.

3. Vous pouvez aussi leur demander de compléter une transcription dans laquelle vous avez laissé en blanc les adjectifs qualificatifs par exemple, ou des lignes entières.

Exemple de texte
(durée une minute: une actrice est interrogée sur les causes de la crise actuelle du théâtre français.)

j'vous ai dit c'est c'est question de enfin c'est une histoire gouvernementale à mon avis ya une crise du public ya une crise du public il est aliéné par la télévision alors euh et par le cinéma oui oui, encore qu'il y a quand même plus de bons films que que si on compare avec les programmes de télévision v'voyez il y a certainement une crise d'auteurs aussi mais je crois qu'il y a beaucoup d'auteurs qui écrivent et qui n'arrivent pas à s'faire jouer parce que c'est une chose très difficile que les théâtres privés ou subventionnés euh ils ont du mal à prendre des risques parce que bon si la pièce marche trois jours et puis parce ça s'écroule eh bien on perd des millions et des millions quoi alors on préfère prendre des choses rassurantes et des choses dont le succès est assuré à coup sûr c'est ça qui est un peu dommage.

Eléments de Civilisation liés à la pratique de la langue. Le Théâtre. B.E.L.C. 1972.

Le Pendu

Niveau: élémentaire, intermédiaire et avancé.
Objectifs:
– stimuler le français oral.
– encourager les élèves à *épeler* et à manipuler l'alphabet.
– donner aux élèves une stratégie de découverte.

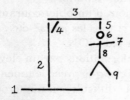

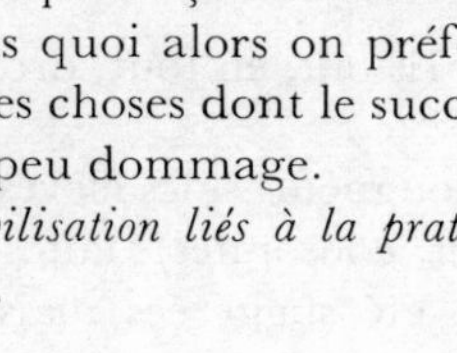

Préparation

a. Choisissez à l'avance 2 ou 3 mots assez longs que vos élèves sont sensés connaître (referéz-vous pour cela à leur manuel).

b. Exercez-vous à dessiner «le pendu» (9 étapes).

c. Expliquez la règle du jeu à vos élèves:
«Si vous ne réussissez pas à deviner le mot qui est au tableau, vous allez être pendu». (Mimez éventuellement).

Déroulement

1. Vous annoncez à vos élèves qu'ils doivent essayer de deviner le mot que vous venez d'écrire au tableau sous la forme suivante:

A – – – – – – – E
(A S S I E T T E)

2. Vous leur conseillez d'essayer de trouver les voyelles d'abord.

Ex. Elève «Est-ce qu'il y a un 'O'?»
Assistant: «Non, il n'y a pas de 'O'. Je commence donc le Pendu:»

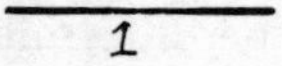

3. Puis viennent les consonnes. Ils ont, en tout, droit à 8 erreurs. S'ils en font 9, ils sont pendus!

4. Si le jeu traîne un peu en longueur, si les élèves ont du mal à trouver les lettres (voyelles et consonnes) faites dire à l'un d'entre eux les lettres qui ont été suggérées mais qui ne conviennent pas:

Ex. Jane ou Peter: «on sait que V, R, Z, W, ne vont pas . . .»

Variantes

Elles sont multiples, en voici quelques-unes:

1. Vous demandez à vos élèves de vous poser des questions pour mieux définir le mot.

Ex. Elève: Est-ce que c'est un mot féminin?
Est-ce que c'est le nom d'un objet courant?
Est-ce qu'on s'en sert tous les jours? etc . . .

Vous répondez par OUI ou par NON.

Vous faites récapituler les informations par un élève, puis vous passez au Pendu (même démarche que précédemment).

2. Vous augmentez un peu la difficulté en numérotant chacun des tirets tenant lieu de lettre.

Ex.: A – – – – – – E
1 2 3 4 5 6
(A S S I E T T E)

Chaque élève vous suggérant une lettre doit aussi vous proposer son rang: 1, 2, 3, 4, 5, 6.

Ex. Est-ce qu'il y a un 'I' au no 3?

3. Si vous avez des élèves avancés vous pouvez ne pas choisir un nom d'objet, mais prendre un adverbe,

Ex. I – – – – – – – – – – – – – – T
I N D U B I T A B L E M E N T

et faire avec eux une liste des adverbes qu'ils connaissent construits de la même façon.

Ex. IN+/ /+MENT
juste
variable

Important: Une fois le jeu compris, un élève mène le jeu et vous devenez participant comme les autres.

Jeu des Mariages et des Familles de Sons

Niveau: élémentaire et intermédiaire.

Objectifs:

a. Familiariser les élèves avec l'alphabet, leur permettre d'épeler facilement en français, arriver à ce qu'ils ne disent plus «bi» pour B(bé), «i» pour E, etc . . .

b. Les entraîner à prononcer correctement certains sons vocaliques, transcrits ici par A – E – I – O – U.

Ces sons sont isolés d'abord (jeu des mariages), combinés ensuite avec des consonnes (jeu des familles).

Préparation

a. Lire attentivement la *Fiche Phonétique*.

b. Confectionner le jeu de cartes.

Matériel pour 8 joueurs et 30 minutes de cours:

40 cartes de 7×4 cms environ de carton fort. (Vous devez pouvoir trouver à l'école une feuille de carton et un massicot).

Ce type de cartes (de visite) s'achète aussi dans le commerce, mais elles sont minces. Les doubler en les collant l'une sur l'autre. Prix en 1974: 25 pence pour 100 cartes.

Coller au centre de chaque carte *une* lettre de l'alphabet.

Le choix de ces lettres n'est pas faitau hasard. Elles correspondent à des difficultés de prononciation et d'épellation pour les anglophones.

Vous devez trouver à l'école des «letter-sets» autocollants qui servent pour les tableaux d'affichage.

On en vend dans le commerce (prix en 1974: 25 pence la pochette). Choisir, si possible, deux pochettes de couleur différente.

Pour chaque lettre choisie, établissez deux cartes de chaque couleur (ou quatre cartes de la même couleur).

Représentez schématiquement en rouge la position des lèvres pour chaque voyelle.

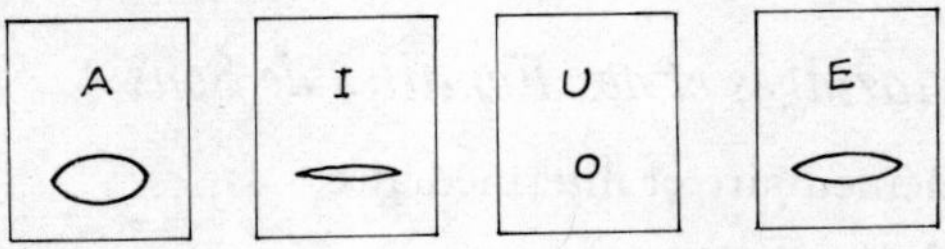

Rangez les cartes par lettre, et chaque lettre, par couleur.

Déroulement

1. Vous montrez les 10 paquets de 4 cartes (jaunes et noires), l'un après l'autre.

2. Pour A, E, I, O, U, vous expliquez que le schéma sur la carte représente la position des lèvres.

3. Vous faites répéter rapidement par quelques élèves, plus pour les familiariser avec les efforts nécessaires d'articulation, que pour obtenir, à ce stade, une prononciation correcte.

4. Un élève distribue les cartes.

5. Les élèves ont les cartes en main, vous donnez la règle du jeu: faire le plus de «mariages» possible, c'est-à-dire rassembler deux cartes de la même lettre et de la même couleur: A/A noirs, I/I jaunes, C/C jaunes, etc . . .

6. Chaque élève fait, avec les cartes qu'il a reçues, le plus de mariages possible et les met sur la table.

7. Ensuite chaque élève demande, à son tour, à n'importe quel membre du groupe, la carte dont il a besoin pour faire un mariage, en utilisant les phrases-clés que vous faites maintenant retrouver:

– Est-ce que tu as un O jaune? un C noir? etc . . .
– Non.
– Oui, voilà.
– Merci.
– A toi.

(On peut reprendre la carte que l'on donne si le demandeur ne dit pas «Merci», tout de suite.

Insister sur l'articulation du R. Que les élèves ne disent pas «messy».

Votre rôle

1. Etre attentif à la prononciation des élèves.

2. Soyez intransigeant sur la production des phrases-clés. N'acceptez pas: Est-ce que tu vas? Qu'est-ce que tu as? Qu'est-ce que tu vas? pour *Est-ce que tu as*?

3. Bien souvent, les élèves, même de niveau intermédiaire, dont c'est le tour de parler, seront bloqués parce qu'ils ont oublié (ou croient avoir oublié), ou n'oseront pas prononcer, la phrase-clé.

4. Soyez attentif à ces hésitations: soufflez sans en avoir l'air.

Dites-vous bien que les élèves n'ont pas l'habitude de poser les questions. C'est le professeur qui les pose le plus souvent. Vous êtes là pour inverser les rôles.

Suites de l'exercice

1. Remplacez progressivement, dans les leçons suivantes, les lettres que vos élèves connaissent bien par d'autres, jusqu'à ce qu'ils maîtrisent l'alphabet et puissent épeler en français.

2. Du mariage, vous passez aux familles, et aux sons combinés.

Vous établissez des cartes dans lesquelles un son vocalique est combiné avec un son consonnantique:

BA	ÇA	DA	MA	LA	NA	, etc . . .
BI	CI	DI	MI	LI	NI	, etc . . .

Les élèves doivent alors rassembler la famille des A, la famille des I, etc . . .

Jeu des 7 Familles

Niveau: élémentaire, intermédiaire et avancé.

Objectif:

Stimuler le français oral en créant une situation réelle de jeu dans laquelle les élèves échangeront des questions et des réponses et utiliseront le vocabulaire de la famille.

Préparation

a. Apportez de France un ou deux jeux des 7 familles.
b. Choisissez des jeux où la famille a, en plus de son nom (concierge, jardinier, etc . . .) un numéro.
c. Evitez si possible des jeux où le grand-père s'appelle l'aïeul, la grand-mère, l'aïeule.
d. Ne mettez pas plus de 6 ou 7 cartes dans les mains de chaque élève débutant.
e. Rangez les cartes par famille.
f. Dans chaque famille, rangez les cartes selon l'arbre généalogique.
g. Ayez bien en tête le nom des 7 métiers.

Déroulement

La première fois, en tout cas, il ne suffit pas de donner le jeu aux élèves, bien qu'ils soient relativement familiarisés avec «Happy Families», l'équivalent anglais.

1. Vous présentez le jeu en disposant les 7 paquets de cartes représentant les familles.

A des élèves débutants, vous dites: «Voici la famille n°1, voici la famille n°2, etc . . .», et vous n'employez pas le nom des métiers (pâtissier, concierge, etc . . .)

Vous montrez bien où se trouve sur la carte, le numéro, qui n'est pas toujours très visible.

Avec des élèves moyens, employez de préférence le nom du métier: concierge, et non pas Ducordon, charcutier, et non pas Lahure, etc . . .

2. Vous présentez ensuite une famille au hasard, en en donnant la liste des membres: le grand-père, la grand-mère . . .

Si vos élèves ne continuent pas spontanément la liste, c'est que vous avez fait une erreur dans l'évaluation de leurs connaissances.

Si vos élèves disent spontanément, *le garçon, la fillette*, ne leur demandez évidemment pas de dire *le fils* et *la fille*. Ce sera pour plus tard.

En revanche, s'ils emploient: *le fils* et *la fille*, soyez intransigeants sur leur prononciation. D'ailleurs le jeu exigera très vite qu'ils soient nettement differenciés.

3. Rappelez l'objectif à vos élèves: rassembler les 6 cartes d'une même famille.

Dites aux élèves qu'on a le droit de refuser une carte si on pense que *le* a été employé pour *la* et inversement.

Demandez à vos élèves de retrouver ensemble les phrases-clés:

– Est-ce que tu as la mère de la famille n°4/la famille Jardinier?
– Non. (Inutile de vouloir faire répéter «Non, je n'ai pas la mère de la famille n°4.» Ce serait artificiel.)
– Non, je ne l'ai pas. (Vous pouvez l'exiger des élèves qui ont déjà vu l'emploi des pronoms compléments avec leur professeur.)
– Oui, voilà.
– Merci. (Insister sur la bonne prononciation du /R/.)
– A toi.

Faites tout de suite, de cette activité, un vrai jeu en faisant distribuer les cartes aux élèves.

4. Quand un élève a fait une famille, demandez qu'il montre chaque carte en l'annonçant: «le grand-père n°4, la grand-mère n°4, etc . . .», moins pour les faire parler davantage que pour éviter les erreurs; il arrive que les élèves glissent le fils pâtissier dans la famille peintre, etc . . .

Votre rôle

Tout ça doit être un *jeu*, mais soyez intransigeant sur la prononciation, sur l'emploi des articles masculins/féminins, sur la production du mini-dialogue.

N'acceptez pas «Qu'est-ce que tu as la mère n°4?» pour «Est-ce que tu as la mère n°4?», faute fréquente et compréhensible: un seul phonème /K/ différencie ces deux phrases.

Vous ne pouvez empêcher que la gaieté s'exprime ni que les exclamations en anglais augmentent au fur et à mesure que l'excitation monte.

Les élèves vous redemanderont à jouer. Acceptez et augmentez progressivement les contraintes; exigez que soient dites en français les exclamations du type: «Tricheur, tu triches, je gagne, tu as perdu, il a gagné, etc . . .»

NB. Il existe différents types de jeux des 7 familles: le jeu traditionnel, les 7 familles de voitures, etc . . .

A vous de juger si le vocabulaire convient à vos élèves.

Jeu des Dessins-Réponses

Niveau: intermédiaire.

Objectifs:

– faire participer tout le monde,

– faciliter l'échange question-réponse à l'aide de dessins.

Préparation

a. Cherchez 6 à 10 questions, telles que:

– Quelle heure est-il?

– Où va le petit bonhomme rouge?

– Qu'est ce que boit le petit bonhomme rouge?

– Qu'est-ce que fait le petit bonhomme au chapeau marron?

– Où sont les œufs?

– Où est le chat?

b. Pour chaque question, cherchez maintenant plusieurs réponses. Vous ne retenez que celles que vous pouvez facilement illustrer.

Ex.: «Où est le chat?»: 7 réponses illustrées.

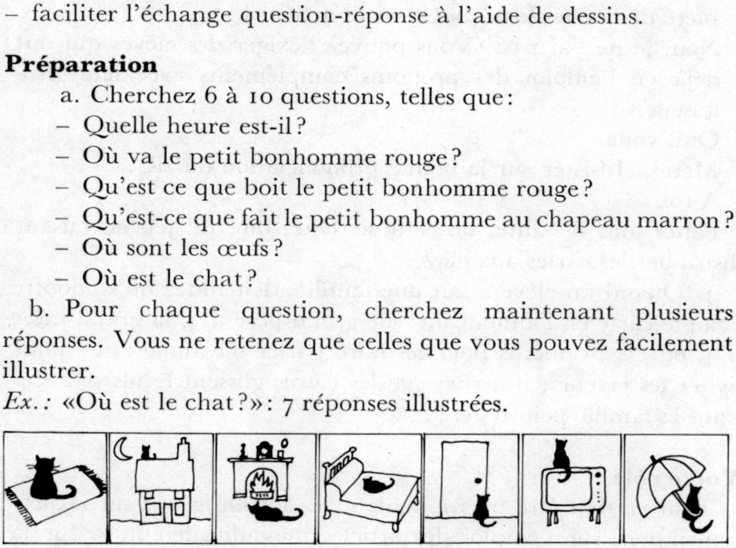

Prévoyez, pour chaque élève, ou chaque petit groupe, un jeu complet de cartes questions – réponses.

c. Tapez chaque question (ou écrivez-la très lisiblement) en rouge, sur une carte blanche (7×4 cms environ), en donnant un numéro à chaque carte.

Cartes-questions

1
Quelle heure est-il?
2
Où va le petit bonhomme rouge?
3
Qu'est-ce que boit le petit bonhomme vert?
4
Qu'est-ce que fait le petit bonhomme au chapeau marron?
5
Où sont les oeufs?
6
Où est le chat?

d. Vous organisez maintenant les dessins-réponses.

Pour chaque élève une carte (carton fort) de 10×10 cms environ, sur laquelle vous faites un dessin répondant à chacune des questions.

Dessins-réponses

NB. Imaginez les couleurs dont cette reproduction ne rend pas compte.

e. Tapez, ou écrivez très lisiblement, chaque réponse sur une carte (7 × 4 cm environ) *Ex.*:

Cartes-réponses

V, II renvoient aux cartes dessins – réponses.

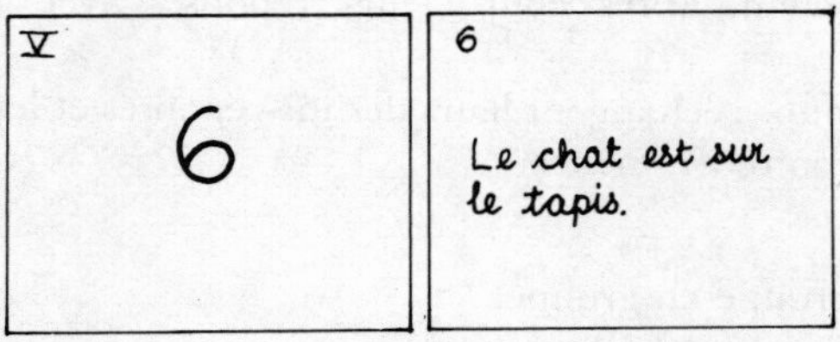

recto verso

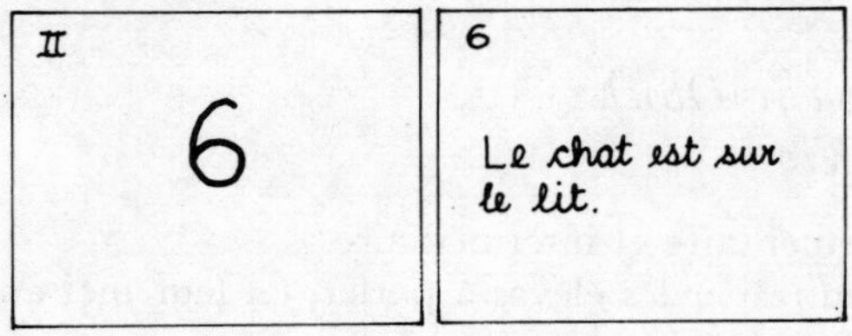

NB. Le numéro 6 est le numéro commun à la carte-question et à la carte-réponse.

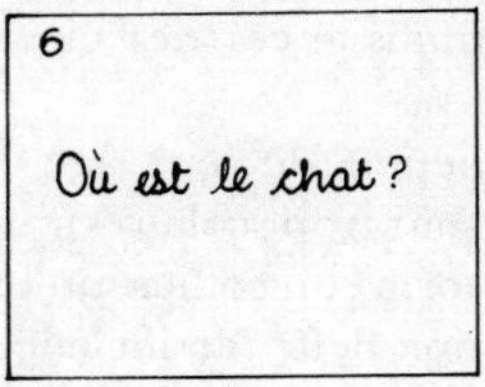

En résumé, par *élève*, ou petit groupe d'élèves: un jeu complet de cartes-questions, une carte dessins-réponses et son jeu de cartes-réponses correspondant.

Déroulement

1. Vous présentez le matériel du jeu aux élèves: cartes-questions, dessins-réponses, cartes-réponses.

2. Les élèves se groupent par 2, ou par 3, et vous distribuez à

chaque groupe son matériel. Les cartes-questions sont étalées côté recto.

4. Un élève a les cartes-questions en main et pose les questions aux autres.

5. Les autres regardent leurs dessins et répondent oralement.

Ils contrôlent, après coup, leurs réponses avec les cartes-réponses.

6. Les groupes échangent leurs dessins-réponses et leurs cartes-réponses, et on recommence.

Votre rôle

Aller de groupe en groupe.
Vérifier l'exactitude des réponses.

Jeu des 5 ou 10 Objets ou Jeu de Kim

Niveau: élémentaire et intermédiaire.

Objectif: entraîner les élèves à parler, en leur mettant dans les mains, des objets réels, attrayants.

Préparation

Choisissez 5 ou 10 objets:

– en fonction des connaissances des élèves (vérifiez dans leur manuel),
– mais surtout en fonction de leur âge (évitez les gommes – crayons, etc . . . qui sont trop scolaires).

Ex. (Elèves-filles – 3rd form) un collier–un briquet – une bague – de l'argent français – une fleur (artificielle ou non) – un paquet de gitanes – un bracelet – une paire de bas – un miroir de poche.

Il vous faut aussi un foulard ou un torchon.

Déroulement (niveau intermédiaire)

1. Vous présentez les 10 objets un à un et vous vérifiez que chaque nom (et son genre) est bien connu.

Vous passez les objets. Les élèves les regardent, les touchent.
Vous les disposez sur la table et vous les recouvrez du torchon.
Vous demandez à vos élèves d'écrire la liste des objets dont ils se souviennent.

Puis ils se disent mutuellement, en groupes de deux, les objets dont ils se souviennent et complètent leur liste, le cas échéant.

2. Vous donnez, à chacun, un des objets, en le prévenant qu'il devra ensuite dire le plus de choses possible, en français, sur cet objet. Il le fait d'abord pour, et avec son voisin.

Vous reprenez les objets. Vous les recachez.
Un élève décrit (à l'imparfait si possible) l'objet qu'il avait, sans le nommer: les autres doivent deviner ce que c'était.
Ex. «J'avais un objet rond, doré, bleu, vert, en nylon, en soie, etc. . .»
Puis un ou deux autres élèves posent des questions à un membre du groupe.
Ex. «Est-ce que tu avais un objet en papier? en carton? etc . . .»

3. Vous pouvez encore reprendre les objets, les disposer d'une façon particulière, le collier sous la fleur, l'argent près de la boîte, la bague dans le bracelet, etc. . . , les cacher, et demander aux élèves de reconstituer la disposition.

NB. Avec les débutants même déroulement, *mais:*
N'utilisez que 5 objets.
Demandez d'en établir la liste oralement.
Demandez à un élève de mettre la main sous le tissu qui recouvre les objets et d'en toucher un, les autres doivent deviner lequel c'est:
– Est-ce que c'est la pomme?
– Non,
– Est-ce que c'est les bonbons?
– Non, etc. . .
Augmentez progressivement le nombre des objets.

Jeu de la Marchande

Niveau: élémentaire et intermédiaire.
Objectifs:
– réemploi des chiffres, des nombres et de dialogues courts (chez l'épicier, etc. . .) en situations simulées.

– familiarisation des élèves avec l'argent français.

Préparation

Matériel nécessaire: des billets et des pièces «scolaires» auxquels vous mêlez de vrais billets et de vraies pièces.

a. Vous préparez, dans des enveloppes, une certaine somme (si possible égale) pour chaque élève.

Cette somme n'a pas besoin d'être très élevée (15F ou 20F) ce qui compte c'est la variété des billets et des pièces.

b. Vous préparez de l'argent pour la caisse du commerçant/des commerçants.

c. Vous rassemblez aussi le matériel nécessaire pour jouer au marchand/à la marchande: emballages de fromages, de bonbons, fruits (vrais ou en plastique), boîtes de sucre, bouteilles d'eau minérale/de vin, etc.

Vous pouvez compléter avec des figurines. (Voir *Fiche Matériel.*)

Vous préparez aussi des étiquettes avec les prix de tous ces produits.

d. Vous préparez, pour chaque élève, une liste de courses à faire (selon ce dont vous disposez comme matériel, vrai ou simulé).

Déroulement

1. Créez la situation: «Vous êtes en France, vous campez, on vous envoie faire des courses . . .».

2. Vous donnez à chaque élève, ou à chaque groupe de deux élèves, son enveloppe.

3. Il compte son argent écrit le détail de ses pièces et de ses billets et compare avec la somme de son voisin.

4. Pendant ce temps-là, vous préparez la boutique.

5. Vous donnez, à chaque élève ou à chaque groupe de 2 élèves, oralement, la liste des courses à faire.

6. Chaque élève écrit sa liste de courses.

7. Vous faites retrouver aux élèves les *phrases-clés*:

– Bonjour Monsieur/Madame,
– Est-ce que vous avez du . . . ?
des . . . ?

– Je voudrais du . . .
des . . .
– C'est combien ?
– Merci Monsieur.

NB. Je *voudrais* sera probablement nouveau. Mais la fréquence de son emploi justifie que vous l'appreniez aux élèves. C'est la réponse habituelle à: «Qu'est-ce que tu veux ?/Qu'est-ce que vous voulez ?»

Vous ne manquerez pas de volontaires pour jouer le rôle du commerçant/des commerçants. Faites-leur retrouver les *réponses-clés*:
– Ça fait. . .
– Voilà.

Votre rôle
Aider les clients et les marchands à se faire comprendre et à rendre la monnaie.

Jeu de la Roulette

Niveau: élémentaire et intermédiaire.
Objectifs: parler, s'amuser.

Préparation
Il y a quelquefois une roulette dans le matériel pédagogique des Teachers' Centre, de la section de français. S'il n'y en a pas, fabriquez-en une qui portera soit des chiffres, soit des images.
Matériel: (voir illustrations)
Petite monnaie/ou jetons.
«Tapis», (45 × 35 cm environ) en carton fort, divisé en cases; dans chaque case, un dessin.
Roulette (plateau en carton fort, avec, au centre, une flèche mobile).

Tapis

Roulette

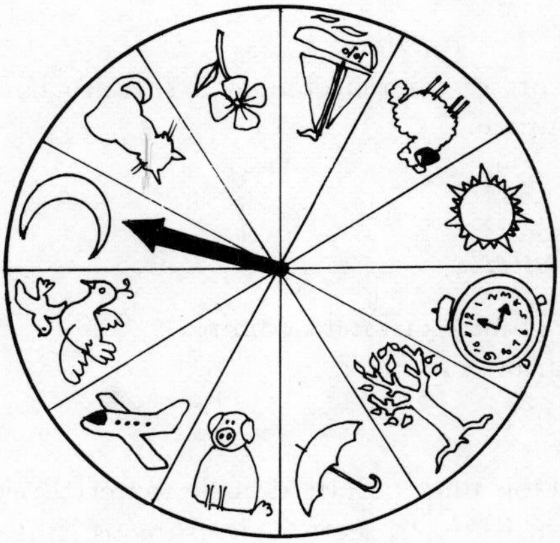

Déroulement

1. 6 ou 7 joueurs au maximum.
2. Un des joueurs joue le rôle du banquier.
3. Les élèves sont assis en cercle autour de la table sur laquelle vous placez le «tapis» où se feront les mises.
4. Vous distribuez à chaque élève une somme égale d'argent et vous donnez au banquier sa caisse.
5. Chaque élève choisit une case et y met une partie de l'argent qu'il a: *il mise.*
6. Il doit annoncer le montant et l'endroit de sa mise. (Deux élèves peuvent miser sur la même case.)

7. On fait tourner la roue.

8. Quand elle s'arrête, la flèche indique l'image gagnante.

9. Celui qui a misé sur la bonne case reçoit, du banquier, le double de sa mise.

Les autres perdent leur argent. C'est le banquier qui le ramasse.

Phrases-clés

Banquier: Misez, s'il vous plaît.
Joueur : Je mise sur le soleil, le 22, etc. . .

- Rien ne va plus!
- (C'est) le mouton (qui) gagne!/(c'est) le 28 (qui) gagne . . .
- J'ai gagné. Banquier, 4 francs, s'il vous plaît.
- Voilà.
- Merci.

Jeu du Portrait ou «Il ou Elle»

Niveau: élémentaire, intermédiaire, avancé.
Objectifs:

- stimuler le français oral,
- réactiver les structures interrogatives.

Préparation

Aucune, si ce n'est vous renseigner sur le champion de football admiré par vos élèves, le chanteur Pop en vogue, etc.

Déroulement

1. Vous annoncez à vos élèves que vous pensez à quelqu'un et que c'est à eux de deviner, en vous posant des questions, à qui vous pensez.

NB. La 1ère question «Il ou Elle?» leur permet de trouver le sexe de la personne en question, puisque vous répondez: «Il» ou «Elle».

Pour les questions suivantes, vous ne répondez que par *oui* ou *non*.

Ex. Elève: Il ou Elle?
Assistant: Elle.
Elève: Elle est blonde?
Assistant: Non, elle n'est pas blonde.
Elève: Elle est brune.
Assistant: Oui, elle est brune.
Elève: Elle est anglaise?
Assistant: Non, elle n'est pas anglaise.

2. Après 3 ou 4 questions, vous demandez à un élève de *récapituler* les informations recueillies.

Ex. Assistant: Qu'est-ce que nous savons jusqu'à maintenant?
Elève: Nous savons que c'est une femme, qu'elle est brune, qu'elle n'est pas anglaise, etc.

NB. Si vous avez mal choisi votre personnage ou si vos élèves n'arrivent pas à adopter une stratégie efficace (la plus simple étant d'aller du général au particulier), aidez-les. Le jeu ne doit pas durer plus de cinq à dix minutes.

3. C'est le tour d'un élève de choisir un personnage et tout le groupe, y compris l'assistant lui pose des questions. Si le groupe est très coopératif, l'assistant (ou un élève) peut sortir de la salle pendant 5 mn, ce qui permet aux autres de choisir un personnage. Le rapport est alors inversé.

Tipoter

Niveau: intermédiaire et avancé.
Objectifs: voir *Jeu du portrait.*

Préparation
Vérifiez, dans les manuels de vos élèves, les verbes d'action connus.

Déroulement
Vous dites à vos élèves que vous pensez à un verbe d'action comme chanter – conduire – se laver les dents – etc. . .

Vous leur demandez de deviner le verbe en vous posant des questions. Donnez des exemples de questions.

Ex. Vous avez choisi «faire du thé».

– Est-ce qu'on tipote dehors ?
– Non, on ne tipote pas dehors.
– Est-ce qu'on tipote à deux ?
– Non, en général, on tipote tout seul.
– Est-ce qu'il faut un crayon pour tipoter ?
– Etc. . .

Quand le verbe est trouvé, faites-en choisir un deuxième par un élève ou par un groupe d'élèves.

Jeu du Métier

Niveau: intermédiaire et avancé.

Objectifs: voir *Jeu du portrait.*

Préparation
Pensez à des noms de métiers.

Déroulement
Vous dites à vos élèves que vous allez penser à un nom de métier, par exemple, pilote, gondolier, facteur, fermier, etc. . .

Vous leur demandez de deviner le métier en vous posant des questions. Donnez des exemples de questions.

Ex. Est-ce que c'est un métier de femme ?
Est-ce qu'on fait ce métier dehors ?
Est-ce qu'on a un uniforme spécial pour faire ce métier ?
Etc. . .

Quand le premier métier est trouvé, faites-en choisir un autre par un élève ou un groupe d'élèves.

Jeu du Plan

Niveau: intermédiaire et avancé.
Objectifs: faciliter la production orale par l'utilisation d'un document visuel.

Préparation
a. En France, rassemblez le matériel: plan de votre ville, carte

de votre région, plan de métro, si vous êtes Parisien.

b. Travaillez sur un plan *simplifié* que vous faites vous-même, d'au moins 15 × 15 cm. Evitez les rues «Ambroise Delavigne». Utilisez: rue de la poste, du marché, etc... Voir exemple de plan.

c. Polycopiez-le. Un exemplaire pour chaque élève.

d. Pensez au vocabulaire dont vos élèves auront besoin: «Où, par où, je prends la rue X. . . , je traverse, je tourne à gauche, à droite, tout droit, je passe par . . . »

e. Vérifiez si ce vocabulaire a déjà été abordé, même si les élèves l'ont oublié. Cet exercice leur permettra de l'utiliser.

Déroulement

1. Vous distribuez les plans.

Laissez quelques minutes aux élèves pour déchiffrer leur plan.

2. Posez-leur des questions pour les aider à retrouver des points précis:

«Douglas, est-ce que tu vois le cinéma, n°4, H2? Jane, est-ce que tu vois la poste (P et T), n°10, D4?» etc. . .

Vous les aidez à retrouver ces points sur le plan s'ils n'y arrivent pas.

3. Vous dites au groupe: «Vous êtes à la gare, n°5, H4, vousallez au terrain de camping, A3. Par où passez-vous?» 2 ou 3 élèves fournissent la réponse. Tous se familiarisent ou se refamiliarisent avec le vocabulaire nécessaire.

4. Vous invitez vos élèves à choisir eux-mêmes l'endroit où ils veulent aller et à donner leur itinéraire.

Ex. De la cathédrale au cinéma, du terrain de camping au château, etc. . .

5. Vous jouez le rôle de l'étranger et vous demandez votre chemin: «Pardon Monsieur, la gare?» etc. . . Vos élèves refont ce dialogue deux par deux.

NB. Les élèves ont souvent des difficultés à faire la différence entre rue et route, droit et à droite. Pour une bonne prononciation par vos élèves des /R/ de rue et gare, voyez *Fiche Phonétique*.

Exemple de plan

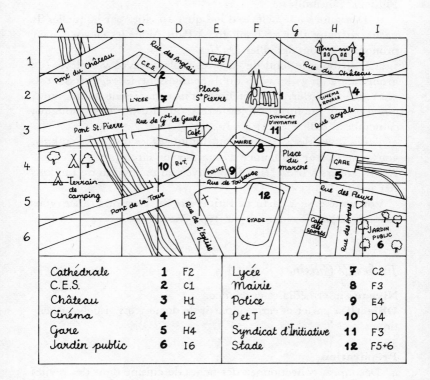

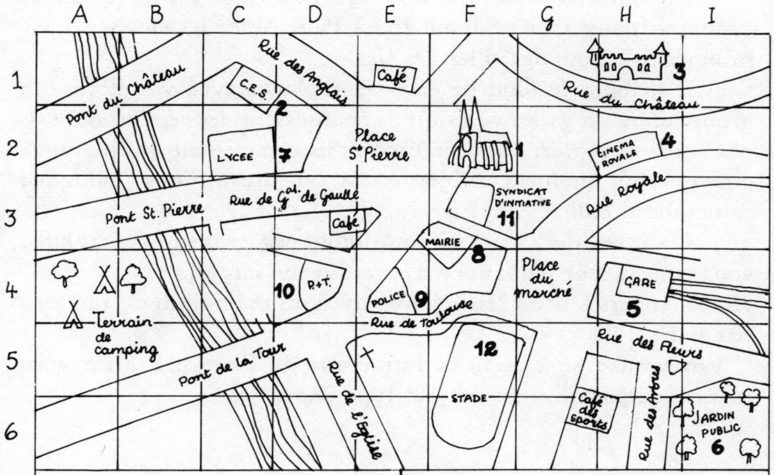

Cathédrale	**1**	F2	Lycée	**7**	C2
C.E.S.	**2**	C1	Mairie	**8**	F3
Château	**3**	H1	Police	**9**	E4
Cinéma	**4**	H2	P et T	**10**	D4
Gare	**5**	H4	Syndicat d'Initiative	**11**	F3
Jardin public	**6**	I6	Stade	**12**	F5+6

Jeu de la Carte

Niveau: intermédiaire et avancé.

Objectifs: voir *Jeu du plan*.

Préparation

Polycopiez (voir *Fiche Matériel pédagogique*) soit une carte de France par élève où sont seulement indiquées les grandes villes, soit un fond de carte.

Déroulement

Plusieurs possibilités:

1. Demandez à vos élèves d'indiquer 10 villes par lesquelles ils passeront pour aller de Boulogne à Pau. Aidez les élèves à bien prononcer le nom des villes. *Ou bien.*

2. Distribuez le fond de carte et replacez avec vos élèves (en groupe de 2 ou 3) les villes qu'ils connaissent, les régions dont ils ont entendu parler, les spécialités qu'ils connaissent ou que vous pouvez leur montrer (objets réels ou illustrations: nougats, camembert, œillets, etc. . .)

3. Ou, avec des cartes où sont indiquées les distances en kms, vous pouvez leur demander d'organiser un circuit.

Ex. D'Angers à Brest (en 4 jours) avec un maximum de 120 kms par jour.

Voyez aussi, si, à partir de l'itinéraire du Tour de France, vous ne pouvez pas inventer un jeu (type *Jeu de l'oie*).

Fiches de Cuisine

Niveau: intermédiaire et avancé.

Objectifs: parler et écrire à partir de documents visuels authentiques.

Préparation

a. Découpez, collectionnez des fiches de cuisine dans des revues (*Elle* par exemple).

Vous choisissez 6 fiches où se trouvent des objets, des denrées, des plats, des boissons facilement identifiables.

Ex. Une casserole, un pot de confiture, des citrons, un verre de bière, etc.

b. Vous numérotez les fiches de 1 à 6.

c. Vous préparez une feuille quadrillée pour chaque élève: autant de fiches, autant de cases. Voir p. 91.

1	2
3	4
5	6

Déroulement

1. Vous distribuez à chaque élève une feuille quadrillée.

2. Vous faites circuler dans le groupe les fiches numérotées.

3. Vous demandez à chaque élève d'écrire dans la case appropriée le nom de tous les objets qu'il identifie.

1 une casserole du vinaigre un citron	2 du poisson du vin blanc
3	4
5	6

4. Les élèves se demandent mutuellement ce qu'ils ont écrit dans les cases.

Ex. Qu'est-ce que tu as écrit dans la case n°1 ?
Une casserole, du vinaigre, un citron.

5. En montrant les fiches, une par une, à toute la classe, vous reprenez tout ce qui a été dit, vous complétez.

Jeu des Questions-Réponses

Niveau: intermédiaire et avancé.

Objectifs:

– entraîner les élèves au maniement des structures interrogatives,
– faire parler tout le monde.

Préparation

40 cartes (de visite, blanches) pour 6 ou 7 joueurs (20 à 30 minutes de jeu).

Etablissez 20 questions (dans lesquelles vous n'employez ni tu ni vous), du type:
A quelle heure ferment les magasins?
Combien coûte un paquet de chewing-gum?
Est-ce que la gare est loin?
Est-ce qu'il est parti?

Vous tapez, ou vous écrivez très lisiblement, *en rouge*, chaque question sur une carte. Vous donnez un numéro à chaque carte.

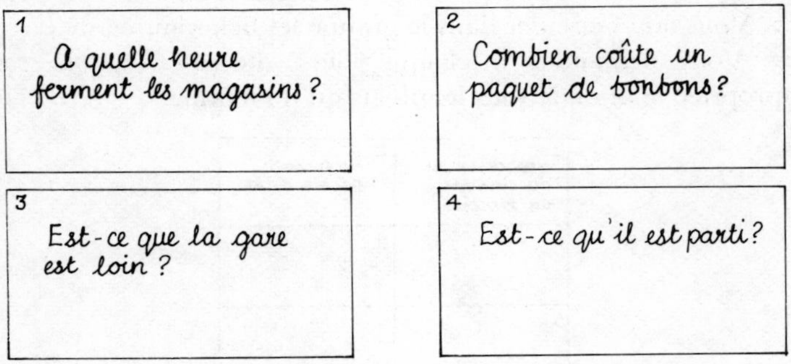

Vous tapez, *en noir*, chaque réponse sur une autre carte. Sur chacune de ces cartes, le numéro correspond à celui de la question:

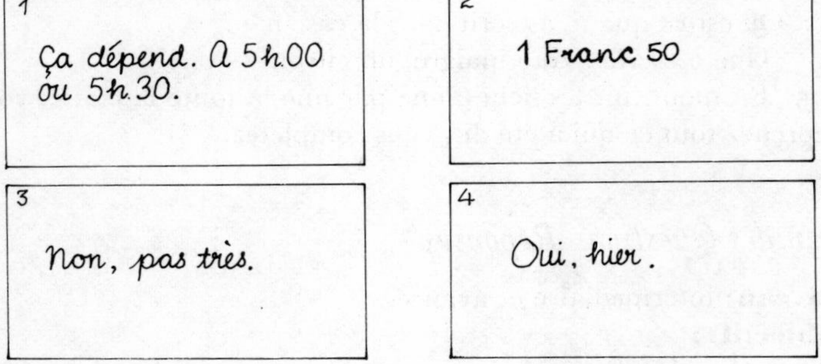

Vous avez donc 20 cartes-questions et 20 cartes-réponses.

Il faut que chaque réponse corresponde à une seule question. A éviter:

– Quel âge a la Reine? 50 ans, je crois.
– Quel âge a-t-il? 23 ans.

La réponse 1 peut répondre à la question 2 et laisser dans l'embarras l'élève qui cherche la réponse à la question 1.

Déroulement

1. Vous montrez aux élèves un échantillon question/réponse: Q n°1 et R n°1.

2. Pour que les cartes soient bien réparties, vous distribuez d'abord les questions (rouges), puis les réponses (noires).

3. Le but est de faire le plus de mariages possible: Q n°1 – R n°1, Q n°2 – R n°2, etc. . .

4. S'il se trouve déjà dans le jeu des élèves des paires (*ex.* Q n°8 – R n°8), ils les mettent devant eux et disent à haute voix la question et la réponse.

5. Les élèves, à tour de rôle, posent à l'un de leurs camarades la question dont il cherche la réponse, sans mentionner le numéro. Si la réponse est obtenue, le mariage est fait.

NB. Si l'élève à qui on pose la question, n'a pas la réponse, il répond: «Je ne sais pas/Je n'en sais rien.»

Votre rôle

Soyez attentif à la prononciation et au choix des réponses par les élèves.

En cas d'erreur, aidez-les à trouver la réponse juste.

Affiches Publicitaires

Niveau: avancé.

Objectifs: faire *découvrir* à vos élèves un point de civilisation française à partir d'un support visuel «vrai»: une affiche publicitaire.

Préparation

Choisissez dans une revue, un journal, une réclame publicitaire:
- facile à reproduire (dessin clair – pas de couleurs)
- comportant un *message écrit* court, sans mot technique, ni trop de franglais, de jargon, d'abréviations.

Déroulement

Exemple 1:

1. Vous distribuez un exemplaire de l'affiche à chaque élève.
2. Vous laissez quelque temps de réflexion.
3. Vous demandez aux élèves d'essayer, en fermant les yeux, de dire ce qu'ils ont vu et de l'exprimer.

Le but est d'arriver à leur faire décrire l'affiche sans en avoir l'air, de contrôler la perception de chacun, de leur faire sentir les écarts entre leur propre perception, celle du voisin, et le dessin. *Ex.* Il y a deux bonshommes. Il y en a un qui a l'air heureux, content, détendu (sourire, main sur la hanche). L'autre a l'air triste, malheureux (tête baissée, grimace) et surtout l'homme à l'air triste est rempli jusqu'à la poitrine d'eau sale. Il est plus gros d'ailleurs.

4. Vous récapitulez oralement ou au tableau noir: 2 hommes, un triste, un heureux.

5. Vous demandez à vos élèves de se concentrer sur *le texte* et à l'un d'entre eux de le lire à haute voix.

6. Ils relisent la phrase (chacun pour soi) et, par groupes de 2, essaient de trouver ce qu'elle veut dire, en encadrant et en s'expliquant mutuellement les *mots-clés:* fatigué et eau sale. Vous soulignez le rapport entre fatigué/sale, dans le texte, et triste/maussade, sur le dessin.

7. L'affiche publicitaire *joue* sur *un mécanisme*, lequel? Pour *déclencher un autre mécanisme*, lequel? Faites découvrir ces mécanismes à vos élèves en leur posant des questions et en répondant aux leurs.

Mécanisme n°1	*Mécanisme n°2*
Personne ne veut avoir l'air triste, fatigué. Il y a une recette «magique». Il existe un moyen de faire disparaître la tristesse. Il y a une norme, un idéal, acceptés implicitement par la société et chaque individu est amené par la voie de la publicité à s'y mesurer, s'y conformer (ici pureté, air épanoui).	Acheter/consommer Mais quoi? Un produit qui *purifie* (vous enlève votre saleté). Un produit qui vous change/modifie pour le mieux. Un produit qui vous rend «acceptable» (ici, eau minérale).

8. Mais laissez à vos élèves le temps de formuler des hypothèses – de deviner (de préférence à l'intérieur de petits groupes), de quel produit il s'agit.

9. Essayez avec vos élèves de *définir* le produit.

Qu'est-ce qu'une *eau minérale*?

Une eau provenant d'une certaine région, dotée de certaines qualités, de certaines propriétés (bonne pour l'estomac, le foie, les lourdeurs de la digestion, etc.).

– Donnez quelques exemples de sources connues: Contrexéville, Vichy, Evian, Volvic . . . , en vous aidant de, si possible, de supports visuels: cartes de France, emballages, photos, etc.

– Où, quand, comment s'en sert-on?

Aux repas comme boisson, dans les biberons, dans les cures pour soigner certaines maladies.

L'eau minérale est vendue en bouteilles ou bue sur place.

10. En quoi, l'utilisation de ce produit est-elle «typiquement» française?

En quoi, la consommation d'eau minérale est-elle ressentie (par les Britanniques surtout) comme un trait de civilisation française? Faites-le décrouvrir à vos élèves en leur posant, par exemple, les questions suivantes:

– A votre avis, qu'est-ce que les Français boivent surtout?

– *Du vin.*

Battez en brêche ce stéréotype: on boit aussi de la bière en France et beaucoup de l'eau minérale, des «Rouge-Vittel», des «Vittel-Cassis» etc.).

– Pourquoi consomme-t-on, pure ou combinée, de l'eau minérale?

Mythe de la pureté (lutte anti-pollution méfiance à l'égard de l'eau du robinet) et des produits «naturels».

Besoin de contrecarrer les excès gastronomiques.

Effets de la publicité.

A la fin de la séance vous demandez à un élève de récapituler les points qu'il a retenus.

Exemple 2:

Analyse du dessin

Comment est représentée la société? Quels sont les types que l'on peut y distinguer? 8 personnages: qu'est-ce qui les différencie? Comment sont-ils schématisés?

Sens: Qui que vous soyez, où que vous vous placiez dans l'échelle sociale, dans la pyramide des âges, la Loterie Nationale vous concerne.

tout
le monde peut
gagner
à la loterie
nationale
tirage chaque mercredi à 19h45

Analyse du texte

Tout le monde

Cette réclame s'adresse à tous les membres de la société. Il n'y a pas besoin d'être quelqu'un de particulier pour se sentir concerné.

peut gagner

Oui, mais ce qui n'est pas dit, c'est qu'il faut d'abord *acheter* un billet (entier ou dixième).

Le texte met l'accent sur un résultat: *gagner*. Il suggère, il ne demande pas explicitement d'acheter un billet, ne donne pas non plus d'adresses précises (à moins d'être Français comment savoir où acheter un billet de Loterie!) Le seul impératif (implicite) pour gagner: il faut acheter le billet avant le mercredi, jour du tirage.

Point de civilisation

La Loterie Nationale:

- historique (fondée en 1776 sous le nom de Loterie Royale),
- public concerné (qui achète des billets? pourquoi? habitudes, attitudes, comportement . . .).
- organisations, institutions similaires: P.M.U., tiercé (premium bonds, football pools, betting en Grande Bretagne.)

NB. Complétez votre présentation à l'aide de supports visuels: billets, photos de guérites, de vendeurs, de vendeuses de billets, résultats de tirage . . .

Jeu du Petit Objet

Niveau: avancé.

Objectifs: stimuler le français oral, développer une stratégie de découverte chez les élèves.

Préparation

Ayez, dans votre sac ou votre poche, un objet qui tient dans le creux de la main (gomme, bille, boîte d'allumettes, tube de rouge à lèvres, canif . . .).

Déroulement

1. Vous montrez votre poing fermé. Vous y avez enfermé l'objet sans que vos élèves l'aient vu, et vous leur demandez de deviner ce qu'est l'objet que vous cachez.

2. Ils vous posent toutes les questions qui leur viennent à l'esprit. *Ex.:* «Est-ce qu'on s'en sert en classe?»

3. Vous leur répondez par des phrases complètes.
Ex. «Oui, on s'en sert en classe.»
«Non, on ne s'en sert pas en classe.»

4. Après deux ou trois «questions-réponses», vous demandez à un élève de récapituler les informations recueillies.
Ex. On s'en sert en classe, ce n'est pas un objet en bois, il peut être de différentes couleurs.

5. Vous demandez à celui qui a deviné, comment il a trouvé le nom de l'objet (par son usage, sa forme, sa couleur . . .) et vous commentez sa démarche (logique, s'il est allé du général au particulier, ou plus hasardeuse, s'il a procédé par associations et deviné grâce à un déclic).
Ex. C'est un jouet?
Alors, c'est une bille.
Oui, c'est une bille.

Variantes

Si vous avez un petit groupe (5–6 élèves):
- Apportez 2 petits objets assez semblables.
- Disposez vos élèves en cercle.

- Demandez-leur de fermer les yeux.
- Demandez-leur de décrire, toujours les yeux fermés, l'objet que vous leur mettez dans la main et qu'ils n'ont pas vu.
- Chacun à son tour, les yeux fermés, décrit l'objet que vous lui remettez. (Les descriptions ne coïncident pas dans la mesure où vous leur avez proposé 2 objets, 1 tube de comprimés et 1 tube de rouge à lèvres, par exemple.)
- Quand chacun a eu un objet entre les mains, vous demandez à toute la classe de récapituler les informations recueillies pendant cette séance (qui ne doit pas excéder 5–6 mn).

  Ex. C'est un objet long,
  c'est un objet cylindrique,
  c'est un objet composé de deux parties,
  il contient des petits objets qui remuent . . .

  Les élèves n'ont pas encore vu les objets. Vous faites en sorte qu'ils précisent leur description.

  Ex. «Le mien était en métal. Il était froid.»
  «Le mien n'était pas en métal, il était sûrement en plastique avec des petites rainures . . .»

  Vous leur montrez les 2 objets, ils les regardent attentivement. Vous leur faites commenter les différences et les similitudes.

Jeu des Situations

Niveau: avancé et, éventuellement, intermédiaire.
Objectifs: faire employer la langue en situation.

Préparation

a. Chercher des situations qui ne soient pas étrangères au champ d'expérience de vos élèves.
b. Etablissez des cartes de ce type:

1 *Dans un jardin public 1) Vous êtes un petit garçon, vous jouez au ballon! 2) Vous êtes un vieillard assis sur un banc.	1 *Dans un jardin public 1) Vous êtes un vieillard assis sur un banc. 2) Vous êtes un petit garçon, vous jouez au ballon!

2 *Sur une grand' route 1) Vous êtes au volant de votre voiture. Quelqu'un fait de l'auto-stop. Vous vous arrêtez. 2) Vous êtes sur le bord de la route. Vous faites de l'auto-stop.	2 *Sur une grand' route 1) Vous êtes sur le bord de la route. Vous faites de l'auto-stop. 2) Vous êtes au volant de votre voiture. Quelqu'un fait de l'auto-stop. Vous vous arrêtez.
3 *Dans un bureau 1) Vous êtes directeur d'une firme. Vous avez besoin d'une secrétaire. 2) Vous vous présentez pour un emploi de secrétaire.	3 *Dans un bureau 1) Vous vous présentez pour un emploi de secrétaire. 2) Vous êtes directeur d'une firme. Vous avez besoin d'une secrétaire.

Le numéro des cartes est le même, la situation est la même, les deux personnages sont différents.

Sur chaque carte, vous écrivez la situation (*) en bleu, 1) en vert et 2) en rouge.

c. Chaque élève aura une carte. Si les élèves sont en nombre impair, vous jouez avec eux.

Déroulement

1. Les élèves tirent une carte au hasard.
2. Chaque élève réfléchit à son rôle pendant quelques minutes, puis cherche son partenaire en demandant: «Qui a le n°5?» par exemple.
3. Deux élèves mettent leur dialogue au point et interprètent leurs rôles devant les autres.
4. Le groupe doit deviner ce qui se passe, de qui il s'agit. Le groupe donne son avis sur l'interprétation, et rejoue, au besoin, la même scène autrement.
5. Deux autres élèves interprètent leurs rôles, etc. . .

Re-création de Texte

Niveau: avancé et, éventuellement, intermédiaire.

Objectifs:
- entraîner les élèves à l'écoute intensive de textes courts,
- encourager les élèves à se poser mutellement des questions, à propos d'un texte.
- stimuler le dialogue entre les membres du groupe à l'aide de ce texte.
- avec des élèves avancés, passer à une mise en écrit.

Préparation

1. *Choix d'un texte*

a. *court* (de 100 à 150 «mots», avec un commencement, un milieu, et une fin, et, comme sujet, une anecdote, une scène, etc. . .

b. *dynamique*, à la façon d'un drame.

c. *visualisable*, c'est-à-dire que les éléments doivent pouvoir, à la rigueur, être représentés au tableau (dessins), ou au tableau de feutre (figurines), et/ou par le mime.

Caractéristiques linguistiques: Il est indispensable que le texte contienne en majorité des mots et des tournures connus des élèves. Le texte doit pouvoir être dit avec naturel, sans artifice. Il doit donc être écrit dans un style non recherché (sans métaphores, tournures argotiques, archaïsmes).

NB. Peu de chance pour que des extraits de Proust ou de Balzac conviennent.

verbes nombreux – temps de la narration: présent, passé composé, imparfait,
phrases simples et courtes,
adjectifs en nombre réduit.

Exemple de texte. Hier après-midi, je me promenais tranquillement dans la rue de la République quand, tout-à-coup, j'ai entendu des bruits de pas précipités derrière moi. Je me suis retourné et j'ai vu trois hommes masqués poursuivis par deux agents de police. Les passants autour de moi continuaient à marcher sans faire attention à ce qui se passait. Moi, je me suis rapidement mis au milieu du trottoir pour barrer la route aux hommes masqués. L'un d'entre eux m'a bousculé et est tombé. J'ai été très surpris d'entendre alors un des agents me dire: «Occupez-vous de vos affaires!» Au même moment, j'ai vu sur la chaussée une équipe de cinéastes furieux sortir d'une voiture. Sans le vouloir, j'avais gâché la scène d'un film policier.

NB. A peu près 145 «mots», 8 phrases, 13 verbes (3 imparfaits, 8 passé composé, 1 présent, 1 plus que parfait), 4 adjectifs.

f. *Sources de textes appropriés:* la presse (les faits divers) – Romans/récits/nouvelles contemporains (courts extraits).

2. *Connaissance du texte*

a. Vous devez *connaître à fond* votre texte pour être capable de répondre, sans hésitation et avec précision, à toutes les questions de vos élèves sur les personnages, la situation, *sans regarder le texte.*

b. Vous devez essayer de prévoir les difficultés de vos élèves, en fonction de leurs connaissances, de leur système linguistique (faux-amis, confusion entre les sons, etc.), en fonction de la longueur des groupes de mots (mots phoniques).

c. Vous devez aussi *prévoir* la manière d'aplanir ces difficultés, en adaptant les textes, en divisant les difficultés, en imaginant des représentations (dessins, images, mimes).

Déroulement

1. *Phase d'anticipation*

C'est une mise en train qui a pour but de créer une attente. Elle doit être brève (3 à 5 mn).

a. Vous annoncez à vos élèves que vous allez leur raconter une petite histoire que vous avez lue récemment.

b. Vous les invitez à chercher ce dont il s'agit en leur demandant de poser des questions sur l'histoire. (Voir *Jeu du portrait.*)

Vous les aidez à en découvrir les grandes lignes, les éléments importants:

Où?
Quand?
Qui?
Quoi?

Avec quoi? (Voir aussi *Exploitation d'un texte oral.*)

A ce stade, ils doivent se limiter à des questions qui appellent comme réponse «oui» ou «non» ou «Ça n'est pas dit dans l'histoire».

Vos réponses à ces questions doivent reprendre (après votre *oui* ou votre *non*) les mots utilisés par l'élève dans sa question.

Ex. Est-ce que ça se passe dans une ville?
Oui, ça se passe dans une ville.

C'est à vous de juger quand un élément d'information supplémentaire doit être inclus dans votre réponse pour mettre vos élèves sur la voie, mais vous ne devez pas donner trop de détails.

Ex. Est-ce que ça se passe en Angleterre?
Non, ça ne se passe pas en Angleterre, ça se passe en France.

Si le déroulement des questions/réponses n'est pas trop rapide, essayez d'écrire au tableau les éléments d'information devinés.

Ex. Quand? /Où?
L'après-midi/dans une ville, dans la rue, etc. . .

De toute façon, après trois ou quatre questions, vous récapitulez les éléments devinés.

2. *Lectures*

a. Première lecture. Vous lisez le texte en entier de la façon la plus expressive possible. Faites une petite pause après chaque phrase. Vous mimez ce que vous pouvez en cours de lecture. Vous montrez du doigt l'élément d'information écrit au tableau lorsqu'il arrive.

Après la 1ère lecture, les élèves retrouvent, par groupes de deux, ce qu'ils ont retenu du texte, en se posant des questions:

Ex. Où est-ce que tu étais hier?/
J'étais dans la rue de la République.
Qu'est-ce que tu faisais?/Je me promenais.
Qu'est-ce que tu as entendu?/J'ai entendu des pas.

Si le groupe est très petit, faire cet échange de questions/réponses dans le groupe entier.

NB. Si le texte est raconté à la première personne, vous (ou un élève) prenez ce qui est dit à votre compte: dans les questions, «je» devient «tu». Si le texte est à la troisième personne, le problème ne se pose pas.

b. Deuxième lecture. Vous pouvez vous arrêter après chaque phrase, ou chaque paragraphe et demander aux élèves de reproduire chaque phrase oralement. Ou bien, vous relisez le texte en entier et vous vérifiez la compréhension en demandant aux élèves de retrouver, par le même échange de questions/réponses, les informations qu'ils avaient oubliées.

Ex. Que faisaient les passants ?/Ils continuaient à marcher . . .

Vous écartez les erreurs grossières de compréhension et de langue sans décourager vos élèves.

c. Troisième lecture. Puis les élèves, en groupes de deux, retrouvent le texte entier en s'aidant mutuellement. Pour re-créer le texte, il faut que les élèves aient perçu, et retenu, les grandes lignes et les détails, d'une part, et que, d'autre part, ils se rappellent comment ceux-ci sont exprimés dans le texte. Cette phase peut se faire oralement (i) ou par écrit (ii).

(i) Re-création orale
Phase finale: Toute la classe essaie de re-créer le texte à l'aide des informations recueillies par le jeu des questions. Un élève peut commencer et les autres l'aider, ou chaque élève peut dire une phrase en suivant l'ordre du texte.

Ensuite, vous distribuez le texte polycopié que vous faites lire à haute voix aux élèves.

(ii) Re-création par écrit
En groupes de deux, les élèves comparent leur re-création, voient les différences dans ce qu'ils ont compris, retenu, oublié, écrit. Vous distribuez le texte polycopié. Les élèves l'ayant maintenant sous les yeux, vous relisez le texte. Chaque élève compare son texte au texte original. Si un élève a écrit des phrases différentes de celles de l'original, il doit vous demander si elles sont acceptables.

Variantes

Avec des élèves très avancés, vous pouvez utiliser des textes enregistrés (dialogues de théâtre, communiqués radiophoniques, chansons, petits poèmes).

Aux qualités requises pour le texte, (cf. Preparation a.),

ajoutez: longueur d'environ une minute, accent non marqué et clarté de l'enregistrement.

Si vous disposez de temps, ou si le cours suivant est assez rapproché, vous demandez à vos élèves de jouer les personnages. Ou bien ils inventent une suite à l'histoire, ou bien ils la racontent d'un autre point de vue. Si vos élèves sont très avancés, vous pouvez leur demander de redire le texte sur différents modes (familier, tragique, poétique, etc. . .), ou de faire toutes les variations possible sur les personnages et la situation.

Votre rôle

Vous faire meneur de jeu.

Etre un élément facilitateur par votre précision, votre clarté, votre connaissance du texte, par vos encouragements, votre enthousiasme.

N'hésitez pas à mettre vos élèves sur la voie: ce n'est pas un examen.

C'est un jeu, même si l'activité exige une attention prolongée.

Débat

Niveau: avancé (A-level, post A-level, Sixth Year Studies).

Objectifs: Entraîner les élèves à formuler des arguments et à répondre à d'autres arguments en français.
NB. Cette activité prépare aussi, dans une certaine mesure, à l'épreuve de dissertation (*Essay A-level*), malgré la différence entre la langue orale et la langue écrite.

Préparation

a. Il est important que vous assistiez aux débats organisés pour vos élèves dans leurs cours d'anglais.
b. Vous pensez à des habitudes, des options, des faits de civilisation.

Ex. Le port de l'uniforme à l'école, le développement technologique, la contraception libre, l'institution du mariage, l'apprentissage d'une langue étrangère, l'avortement, les nationalisations, etc.

c. Vous formulez pour vous-même des arguments *pour* et des arguments *contre*. (Si vous n'en trouvez pas, vos élèves en trouveront-ils ?)

Ex. Le port de l'uniforme à l'école.

Pour : fait disparaître les inégalités, égalise les rapports, réduit les frais pour la famille, . . .

Contre : donne un faux air d'égalité, renforce l'esprit de clan, «standardise» les individus, représente une fausse économie, donne trop d'importance à l'apparence extérieure . . .

Déroulement

1. Vous annoncez à vos élèves le sujet du débat : «Pour ou contre. . .»
2. Vous partagez la classe en deux groupes. Le Groupe 1 va préparer collectivement les arguments *pour* : discussion orale d'abord, puis passage à l'écrit (un rapporteur est choisi par le groupe et il inscrit tous les points retenus). Le Groupe 2 va préparer collectivement les arguments *contre* selon le même processus.
3. Vous laissez aux deux groupes environ 10 minutes pour préparer leur argumentation et vous allez d'un groupe à l'autre pour aider à formuler les arguments.
4. Chacun des membres du groupe intériorise (c'est-à-dire comprend, apprend, mémorise, pèse chaque argument, en s'aidant, au besoin, de ses notes).
5. Le Groupe 1 commence : chacun des membres du groupe, à tour de rôle, énonce les arguments retenus.
6. Le Groupe 2 répond point par point aux arguments avancés par le Groupe 1, soit qu'il le fasse après chaque argument, soit qu'il attende la fin de l'argumentation.
7. Pendant ce temps, au tableau noir, que vous aurez divisé en deux parties, vous écrivez les arguments principaux.
8. Vous demandez à deux ou trois élèves de récapituler ce qui a été dit.
9. S'il y a eu des fautes de langue, vous en corrigez deux ou trois seulement.

10. Insistez sur une ou deux tournures utiles dans le débat.
    Ex. A ton argument, moi, je réponds que . . . Comment peux-tu dire que . . . alors que . . . etc.
    Elles serviront à vos élèves au prochain débat.

NB. Si les élèves ne trouvent pas beaucoup d'arguments pour ou contre, le débat sera court. Ce n'est pas un défaut. Ne cherchez pas à le prolonger artificiellement, mais proposez tout de suite un deuxième sujet.

Discussion

Niveau: avancé (*O-level*, au moins).
Objectifs:
Permettre à vos élèves avancés de réfléchir ensemble sur des propositions énoncées autour d'un thème, d'exprimer des opinions et de répondre à d'autres opinions en français.
NB. Cette activité se rapproche du *Débat.*

Préparation

a. Vous choisissez d'abord un thème. *Ex.* le bonheur, la violence, etc
b. Vous cherchez des *exemples concrets* de conditions de bonheur, etc. . . que vous essayez d'exprimer en *phrases simples* et claires (cf. exemple ci-après).
c. A partir de ces propositions simples et concrètes, vous aiderez vos élèves à réagir, à exprimer leurs réactions, leurs réflexions et leurs jugements.
d. Vous dactylographiez ces exemples pour les distribuer aux élèves afin qu'ils les aient sous les yeux et pour éviter de perdre du temps à les écrire au tableau (un exemplaire par élève).

NB. Soumettez-vous au même exercice en anglais, dans le cadre des échanges que vous allez essayer d'établir avec les collègues de l'école, et découvrez-en toutes les difficultés.

A éviter:
imaginer qu'un thème, qui vous semble primordial, puisse

l'être aussi pour vos élèves.

- entrer dans la classe en posant la question: «Qu'est-ce que vous pensez de la violence?»
- croire qu'il soit facile de discuter dans l'abstrait.
- porter des jugements hâtifs sur le manque de maturité de vos élèves.
- rendre le groupe responsable du fait que le sujet ne «marche pas».

Déroulement

1. Vous demandez aux élèves, groupés deux par deux:
   - de lire les propositions sur le bonheur, par exemple. Laissez-leur le temps d'intérioriser, c'est-à-dire comprendre, apprendre, mémoriser ce qu'ils lisent.
   - de dire combien de ces propositions sont nécessaires à leur bonheur, à eux, et lesquelles,
   - de dire, si aucune ne leur semble importante, quelles sont celles qu'ils formuleraient pour eux-mêmes.

Exemple 1 *:* le bonheur
Avoir un poste important grâce auquel vous pouvez espérer changer la société autour de vous.
Habiter la vraie campagne.
Etre aimé de l'homme/la femme que vous aimez.
Etre artiste.
Avoir un travail qui vous permette d'aider les autres (travailleur social).
Etre célèbre.
Etre séduisant(e).
Gagner beaucoup d'argent.
Vivre en commune.
Faire beaucoup de voyages.
La contraception libre.
Avoir assez d'argent pour ne pas travailler.
Avoir un rôle politique important/Etre Premier Ministre.
Etre membre de la famille royale.
Avoir un appartement/une chambre à soi. Etre indépendant.

NB. Certaines de ces propositions conviennent probablement mieux à vos élèves que d'autres. Faites le tri.

2. Vous laissez aux élèves le temps de réfléchir, de discuter entre eux. Aidez-les simplement à exprimer leurs idées en français.
3. Vous demandez à chaque sous-groupe (de 2) de dire 4 conditions indispensables à leur bonheur. Vous écrivez au tableau les différents avis (propositions et nombre).

beaucoup d'argent II	être belle II
vivre en commune III	avoir un rôle politique important I
beaucoup de voyages II	être célèbre IIII

4. Essayez de faire prendre conscience au groupe de ses aspirations:
   Est-il étonné de ce qu'il écrit?
   S'imaginait-il autrement? etc.
5. Vous demandez aux partisans de telle ou telle proposition de dire s'ils ont déjà ce qu'ils veulent, comment ils pensent pouvoir l'obtenir, etc.

Variante

Vous pouvez aussi partager la classe en deux ou trois groupes et leur proposer de chercher les conditions qu'ils imaginent à l'existence de leur bonheur (maintenant ou plus tard).

Exemple 2*:* la violence

Est-ce faire preuve de violence (et envers qui, et pourquoi?) que de:

battre les élèves,
prêter de l'argent à un taux très élevé,
prendre des otages pour faire libérer ses compagnons d'armes,
chahuter un professeur,
lire une lettre adressée à quelqu'un d'autre,
faire marcher la radio très fort le soir.

Difficultés:

Psychologiques

– collectives: si le thème choisi n'est pas directement lié aux préoccupations de vos élèves, il ne les entraînera pas à exprimer d'opinions personnelles. C'est pourquoi vous devez vous efforcer de «sentir» votre groupe (ce qui l'intéresse, ce qui le préoccupe), et de formuler les propositions en connaissance de cause.

– individuelles: un élève peut ne pas oser exprimer son opinion ou manquer d'habitude pour le faire.

Linguistiques. Elles seront probablement les plus grandes.

C'est pourquoi vous devez fournir à vos élèves les expressions qui permettent:

d'exprimer un avis: «Moi, je pense que . . .»
«Pour moi, . . .»
«Tu vois, ben moi, . . .»
«Remarque que, pour moi, . . .»

de s'opposer à un avis: «Moi, je trouve qu'il a tort . . .»
«Mais pas du tout . . .»

de nuancer un avis: «Pour moi, c'est pas tout à fait ça . . .»

de se rallier à l'avis d'un autre: «Moi, je suis tout à fait d'accord... Je trouve qu'il a raison . . .»

Votre rôle

Etre meneur de jeu: vous devez être l'élément facilitateur. Cet aspect de votre rôle s'est déjà manifesté dans la préparation que vous avez faite et dans votre présentation du thème.

De temps en temps, vous pouvez relancer la discussion en récapitulant les opinions exprimées et en les écrivant au tableau.

Vous devez être prêt à suggérer une expression qui manque à l'élève qui parle.

Vous devez veiller à ce que tous les élèves comprennent celui qui vient de parler.

Même si le débat vous intéresse beaucoup personnellement, rappelez-vous que la communication doit s'établir entre les membres du groupe, et pas seulement entre un élève et l'animateur, et que vous n'avez pas à faire un cours sur la pollution, la liberté, etc. . .

Comment corriger. Vous reprenez, comme en aparté, les phrases incorrectes, mais sans insister, Il s'agit plus, à ce stade de l'activité, de signaler qu'il y a une faute que d'obtenir une production correcte.

Mais vous devez absolument consacrer quelques minutes, à la fin du cours, pour: récapituler, ou faire récapituler, sommairement les avis exprimés pendant la séance, signaler à chaque élève une faute qu'il répète souvent et dont il doit se débarrasser, ou insister sur deux ou trois expressions seulement dont vos élèves ont eu un fréquent besoin dans le courant de la discussion et qu'ils ne maniaient pas bien.

NB. Les fautes peuvent être phonétiques (mauvaise prononciation), lexicales («en effet», pour «en fait», «en réalité»), grammaticales («Il faut que je vais»).

Les Charades

Niveau: intermédiaire et avancé.

Objectifs: stimuler le français oral, sensibiliser les élèves à l'homophonie (*Ex.:* seau/sot, mère/mer).

Préparation

Choisissez, sélectionnez quelques mots simples de 2 ou 3 syllabes que vos élèves sont sensés connaître.

Déroulement

1. Vous prenez un mot et vous illustrez la démarche au tableau (indispensable pour les débutants, au moins).
   Ex. «château».
   Vous le découpez en syllabes: châ – teau
   1 2
   Vous montrez l'équivalence phonique entre châ et chat, teau et tôt.
   Vous demandez à la classe de donner une définition pour le premier mot (chat):
   Ex. «Mon 1er est un animal» ou «Mon 1er miaule. . . .»
   le deuxième mot (tôt):
   Ex. «Mon 2ème est le contraire de tard.»
   le mot entier (le *tout*):

Ex. «Au Moyen Age, mon *tout* était fort.» ou «Dans mon tout, habitent les rois et les reines.» ou «Mon tout a souvent des tours et des murs épais.» etc. . .

2. Vous proposez d'autres mots (vous vous êtes au préalable, assuré(e) que la démarche était bien comprise.)

chanson
Mon 1er est à la campagne – champ.
J'entends mon second – son.
On dit qu'en France tout finit par mon *tout* (avancés).
Mon *tout* est fait de mots et de musique (intermédiaires).

téléphone
Mon 1er est la boisson favorite des Anglais – thé.
Mon 2ème est un liquide blanc – lait.
Mon 3ème est une partie du mot «anglophone».
Je me sers de mon tout pour appeler les pompiers/Je me sers de mon tout pour parler à quelqu'un qui est loin de moi.

laboratoire
Mon 1er est le féminin de «le.»
Mon 2ème est agréable à regarder.
Mon 3ème est plus gros qu'une souris.
Mon 4ème est une partie du mot «obligatoire».
Dans mon tout, j'écoute et je parle.

cinéma
Mon 1er sert à couper du bois. Mon 1er est la première syllable d'un fruit jaune acide.
Mon 2ème est au milieu de mon visage.
Mon 3ème est le féminin de «mon».
Dans mon tout, je vois des films.

boucher
Mon 1er est une extrémité.
J'emploie mon 2ème quand je dis que je vais rendre visite à un ami.
Mon tout me vend de la viande.

NB. Les définitions que vous donnez doivent être simples, claires, et surtout adaptées aux élèves. (Réservez les astuces, paradoxes, réferences culturelles ou litteraires aux élèves avancés).

Jeu de la Phrase Continuée

Niveau: élémentaire, intermédiaire, avancé.

Objectifs: faire participer tout le monde et stimuler l'imagination des élèves.

Préparation: aucune.

Déroulement
Le jeu peut se faire oralement seulement, ou oralement et avec mise en écrit au tableau.

Vous commencez une phrase. *Ex.* George Best va . . .

Chaque élève, à tour de rôle, va continuer la phrase en y ajoutant un très court élément. Mais il doit reprendre la phrase depuis le début.

Jane – G. Best va à la . . .
Sue – G. Best va à la gare
John – G. Best va à la gare et
Mary – G. Best va à la gare et il prend, etc.

Vous arrêtez dès que vous sentez de la lassitude chez vos élèves.
NB. Avec des élèves débutants, amenez des phrases du type:

Je regarde . . .
Je regarde le ciel
Je regarde le ciel bleu
Je regarde le ciel bleu et
Je regarde le ciel bleu et les voitures, etc.

Création de Texte Oral ou écrit

Niveau: élémentaire, intermédiaire, avancé.

Objectifs: stimuler le français oral, a partir de questions qu'ils se poseront sur une phrase simple, faire créer *un texte* à vos élèves.

Préparation
a. Apportez des feuilles de papier blanc à distribuer aux élèves qui, en général, n'en ont pas.
b. Pensez à une phrase simple, du type: «Un monsieur traverse la rue», qui est un petit tableau, une petite scène, un événement.

Déroulement

Ecrire la phrase au tableau. Il s'agit d'amener vos élèves à imaginer les détails de l'événement. Pour cela, ils se poseront, ou vous leur poserez, des questions à propos de chacun des membres de la phrase. *Ex.* Un monsieur/traverse/la rue/.

NB. Vos élèves n'ont pas besoin de savoir ce qu'est un membre de phrase. Les réponses à ces questions constitueront un texte (de quelle que forme que ce soit). Voyez plus loin: *Exemples de performances obtenues.*

Avec des élèves débutants

Vous demandez à vos élèves . . .

Ex. Est-ce que le monsieur a un chapeau?
Est-ce qu'il est vieux?
Est-ce qu'il est grand?
Est-ce qu'il y a des voitures dans la rue?

Vous dessinez au tableau leurs réponses (homme, chapeau, lunettes, etc. . .). Une fois le portrait terminé, la scène imaginée en détail, vous faites récapituler oralement tout ce qui a été imaginé.

Il est possible que, faute de temps, ou parce que vos élèves ne savent pas encore bien écrire en français, vous ne dépassiez pas ce stade oral. Il est suffisant en lui-même.

Avec des élèves intermédiaires et avancés

1. Vous pouvez choisir d'autres stimuli, plus en rapport avec les préoccupations des élèves.
   Ex. 19 ans, enceinte. Miss Monde kidnappée.
2. La phrase écrite au tableau, vous posez vous-même quelques questions pour illustrer la consigne. Puis vous demandez à vos élèves de se poser des questions, en sous-groupes de 2 ou 3. Un élève écrit questions et réponses.
3. Quand, par ce jeu des questions/réponses, les sous-groupes ont obtenu suffisamment de détails sur l'événement, vous leur demandez de *dire* ce qu'ils ont *imaginé.*

Intérêts de l'exercice

1. Réactive les connaissances.
2. Permet la pratique du dialogue entre les élèves avancés.

3. Stimule l'imagination malgré les limites linguistiques.
4. Permet la création collective libre à partir d'un stimulus donné lequel est d'abord analysé, expliqué.
5. Permet à chaque élève d'utiliser ses connaissances, si limitées soient-elles.

NB. Soyez conscient de deux difficultés: la compréhension du stimulus et la compréhension de la consigne.

Votre rôle

Mettez bien les élèves sur la voie en posant vous-même plusieurs questions qui leur montreront le mécanisme de l'exercice.

Vous devez aussi veiller à ce que chaque texte créé soit présenté aux autres groupes et bien compris de tous les élèves.

Ne cherchez pas à faire exprimer aux élèves débutants plus qu'ils ne peuvent. L'important est de faire utiliser ce que le professeur a enseigné.

NB. Soumettez-vous à cet exercice en anglais avec plusieurs camarades.

Exemples de performances obtenues

Avec un groupe d'élèves avancés (deuxième année de College of Education).

Le stimulus était: «le chien a mordu la dame.»

Q. La dame, qu'est-ce qu'elle faisait?
R. Elle courait.
Q. Pourquoi est-ce qu'elle courait?
R. Elle avait peur.
Q. Est-ce qu'elle avait peur du chien?
R. Oui.
Q. Est-ce qu'elle courait avant ou après (sic) avoir été mordue?
R. Avant.
Q. Où est-ce qu'elle était?
R. Au centre du village.
Q. Quel village?
R. Du village d'Entrechaux.
Q. Porquoi est-ce que le chien l'a mordue?
R. Parce qu'il avait peur.
Q. Pourquoi est-ce qu'il avait peur de la dame?
R. Elle était plus grande que lui.
Q. Où est-ce que le chien l'a mordue?
R. A la jambe.
Q. Qu'est-ce qu'elle a fait?
R. Elle a crié.

Q. Est-ce que quelqu'un est venu à son secours?
R. Personne. Tout le monde s'est sauvé.
Q. A quelle heure est arrivé cet incident?
R. A dix heures du matin.
Q. Que faisait le garde-champêtre?
R. Il était au bistro.
Q. Pourquoi avait-il soif?
R. Mais, parce qu'il avait bien travaillé depuis cinq heures.
Q. Qui a rapporté l'incident?
R. Un vieille dame qui regardait par la fenêtre derrière le rideau.
Q. Faut-il vraiment croire à cet incident?
R. Il y en a qui disent oui, on peut faire confiance à la dame, il y en a qui disent non.
Q. Qui a interrogé la vieille dame?
R. Le garde-champêtre.
Q. Pourquoi le garde-champêtre a-t-il interrogé la vieille dame?
R. Parce qu'il voulait prouver l'innocence de son chien.
Q. Croyait-il vraiment à l'innocence de son chien?
R. Oui.
Q. Pourquoi est-ce qu'il était si sur de l'innocence de son chien?
R. Parce que le chien n'avait plus de dents!

(*Avec un groupe d'élèves moyens:* 4th Form, Comprehensive School)
Avec les groupes de débutants, ou peu avancés, vous obtiendrez des textes très *modestes*. C'est normal.
Stimulus: «Un monsieur traverse la rue.»
Les élèves travaillent deux par deux.
Transcription du dialogue entre deux élèves:
– Ton monsieur, est (sic) qu'il est petit?
– Non, il est grand et maigre.
– Ton monsieur, est-ce qu'il a un costume noir?
– Non, il a un costume gris.
– Ton monsieur, est-ce qu'il a une valise?
– Non, il n'a pas une (sic) valise.
– Est-ce que la rue et (sic) petit (sic) ou grand (sic)?
– Comment s'appelle la rue?
– Elle s'appelle Keswick.

Histoire Sans Paroles

Niveau: élémentaire, intermédiaire et avancé.

Objectifs: Parler, écrire, inventer, créer à partir d'images.

Exemple :

Préparation

a. Si vous ne savez pas bien dessiner, vous pouvez toujours vous inspirer des livres à colorier, ou de bandes dessinées, ou de recueils d'histoires sans paroles.

b. Les images doivent être explicites, sans ambiguïté, en ce qui concerne le lieu, les personnages, les gestes, les objets, etc.
c. Elles ne doivent pas supposer de connaissances particulières en civilisation française.
d. Vous dessinez chaque image sur une feuille séparée (taille d'une feuille de cahier à peu près) ou la séquence d'images sur le même feuille (taille d'un grand bloc de papier à lettres), selon l'âge de vos élèves, selon le type d'histoire.
e. Vous polycopiez les images (un exemplaire par élève).

Cette histoire a été utilisée avec un groupe de 3rd formers (double period), avec des 2nd formers «difficiles» et avec des instituteurs, en stage de recyclage.

Déroulement

(3rd Form, 2 cours successifs de 30 mn.) Chaque image a été dessinée et polycopiée séparément.

1. L'assistant dit aux élèves qu'il a devant lui un petit personnage. Il les invite à deviner de qui il s'agit (Voir *Jeu du portrait*). Il met les élèves sur la voie: «Il a des moustaches, mais ce n'est pas un homme».
2. Questions-Elèves/Réponses-Assistant (ne pas laisser les élèves patauger, les aider. Il faut qu'ils aient trouvé en quelques minutes).
3. L'Assistant distribue l'image n°1 – laisse aux élèves le temps de regarder.
4. Dialogue sur l'image n°1. (Il ne s'agit pas de faire décrire en posant la question: «Qu'est-ce que vous voyez?» Les élèves ne sont pas aveugles). Mais:

Est-ce qu'on lui donne un nom?
Est-ce que tu vois bien sa bague?
Est-ce que vous pensez qu'il est chic?
Qu'est-ce que tu aimes dans ses vêtements?

5. Les élèves ferment les yeux (ou cachent leur dessin) quelques minutes pendant lesquelles l'Assistant demande:

à Marylin – Qu'est-ce qu'il mange?
à Peter – Avec quoi?
à Susan – Est-ce qu'il a un petit nez rond?

6. «Dictée.» On récapitule tout ce qu'on a dit.

Trois élèves sont invités à dire successivement une phrase à propos de l'image.

On les écrit, en cherchant *ensemble* l'orthographe, le genre, etc... *Ex*. Pierre mange une glace aux fraises. Il a une bague. Il a un long nez pointu.

7. Repos. Chacun est invité à colorier son image. Puis les dessins deviennent prétexte à dialogues.

Ex. Ass. – Comment as-tu fait la cravate?
Sheila – Rose et verte.
Ass. – Et toi, Philip?
Philip – Je n'ai pas fini.
Ass. – Est-ce que tu as fait une glace aux fraises?
Monica – Non, j'ai fait une glace au café.
etc.
Sheila à Susan – Est-ce que tu as fait les oreilles roses?
Susan à Sharon– Est-ce que tu as fait la veste rouge?
etc.

8. L'Assistant annonce qu'il a un deuxième personnage: Georges, le cousin de Pierre. Distribution de l'image n°2. On compare oralement les deux images.

9. «Dictée». (Voir plus haut.)

10. Assistant: «Georges écrit à Pierre pour l'inviter à aller chez lui». Les élèves, deux par deux, écrivent la lettre.

le 19 février 197..

Cher Pierre,

....

A bientôt,
Georges.

L'Assistant circule entre les groupes, aide, corrige.

11. Assistant: «Pierre accepte.» On imagine le voyage.

Ex. Est-ce qu'il va à la campagne en voiture? en autobus?
Est-ce que c'est loin?
Qu'est-ce que Georges a préparé pour Pierre?
Est-ce que Pierre prend une valise? etc.

12. Distribution des images nos 3, 4, 5. Laisser aux élèves le temps de bien regarder.

13. Par groupe de deux, les élèves écrivent une phrase (de leur choix) sous chaque image. Vous contrôlez l'orthographe.

14. Assistant: «Maintenant Pierre invite Georges.» Distribution de l'image n° 6. Les élèves ont envie de la colorier. Cela ne prend que quelques minutes, laissez-les faire.

15. Les élèves s'identifient à Georges et disent chacun une petite phrase.

Ex. Oh, l'autobus rouge!
J'ai peur.
C'est grand!
L'autobus va vite.
Je ne vois pas la maison de Pierre.

16. On imagine le dialogue entre les cousins quand Georges arrive.

Ex. Bonjour Pierre.
Bonjour (Salut) Georges.
Comment vas-tu?
Bien, et toi?
Entre.
C'est beau ici!

17. Distribution de l'image n°7. Exploitation comme pour l'image n°6.

18. L'Assistant par des mines, des mimes, des gestes, des exclamations fait comprendre qu'un drame se prépare.

Les élèves imaginent ce que ça peut être.

Ex. «Il mange trop. Il est malade.»
Ass.: «Non, il n'est pas malade.»
«Pierre est méchant.»
Ass.: «Non, Pierre n'est pas méchant.»

19. Distribution de l'image n°8. Ass.: «Qu'est-ce que c'était?» Et après? L'Assistant fait imaginer la suite.

Ex. «Le chat mange Georges.»
Ass.: «Non, le chat ne mange pas Georges.»
«Georges a peur.» Ass.: «Oui! Georges a très peur.»
«Pierre dit au chat: Pars.»
Ass.: «Non, Pierre ne dit pas au chat: Pars.»

20. Distribution de l'image n°9.
Ass.: «Qu'est-ce qu'on peut écrire?»

«Georges court vite chez lui», répond, par exemple, un élève.

21. L'Assistant n'a pas le temps de faire jouer l'histoire. Mais au cours suivant, tous les élèves sont revenus avec leur paquet d'images, coloriées. Il y avait dans le groupe deux élèves absents la semaine précédente: les autres leur ont raconté et joué l'histoire en montrant leurs dessins.

NB. Allez dans les librairies voir le rayon des livres d'enfants, vous y trouverez certainement des histoires dont vous pourrez vous inspirer. Voyez en particulier, aux éditions Fabbri, *Mr. Books: Mr. Happy, Mr. Silly*, etc. et aux éditions Longman, dans la collection *Monster Books: Monster has a party, Monster and the magic umbrella*, etc.

Tarte aux Pommes

Niveau: élémentaire, intermédiaire et avancé.

Objectif: faciliter l'expression par l'image.

Préparation

a. Polycopiez la recette-dessin au stencil ronéotherm pour ne pas avoir à tout redessiner.
   Prévoyez un exemplaire par élève.

b. Polycopiez aussi une recette de tarte aux pommes. Vous remaniez le texte en français fondamental si le niveau de vos élèves l'exige. (A part le rouleau et le moule à tarte, la pâte, vos élèves, mêmes débutants, connaissent les expressions).

Déroulement

1. Distribuez un document-dessin à chaque élève.
2. Laissez le temps de le déchiffrer.
3. Par groupes de 2, les élèves retrouvent le nom de:
   tous les ingrédients (l'article partitif)
   tous les objets (un/une)
4. Vous récapitulez avec eux.
5. Toujours par groupe de 2, ils essaient de décrire les gestes.

Demandez-leur de s'identifier à celui qui fait la tarte ou à celui qui demande la recette.

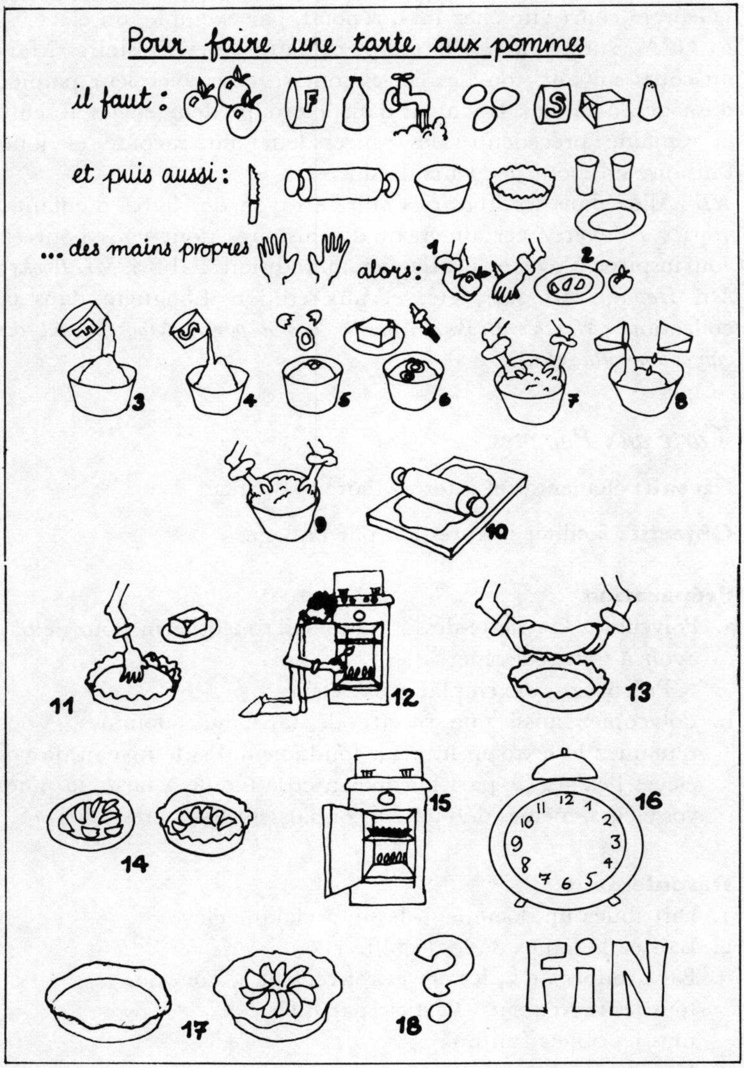
Pour faire une tarte aux pommes
il faut :
F
S
et puis aussi :
... des mains propres
alors :
1
2
3
4
5
6
7
8
9
10
11
12
13
14
15
16
12 1 2 3 4 5 6 7 8 9 10 11
17
18
?
FiN

Ex. Qu'est-ce que tu fais d'abord ?
Je coupe les pommes.
Et après ?
Je verse/je mets la farine dans un bol, etc. . .

6. Les élèves essaient de donner la recette de mémoire, oralement ou par écrit.
7. Vous distribuez la vraie recette.
8. Les élèves la lisent en groupes de deux, en lecture silencieuse d'abord, puis à haute voix.

Puzzle

Niveau : débutant.

Objectifs :

– amener les élèves à comprendre des petites phrases écrites et à les réécrire,
– permettre à chaque élève de travailler à son rythme.

Préparation

a. Vous étudiez le manuel de vos élèves et vous voyez sur quels thèmes vous pouvez confectionner les cartes qui suivent.
b. Pour confectionner ce jeu, vous avez besoin de fiches de 12 × 7cm environ, sur lesquelles vous dessinez, ou vous décalquez, et coloriez des scènes très simples et très claires, sans aucune ambiguïté.
c. Testez la lisibilité de vos dessins auprès d'une ou deux personnes.

Exemples de scènes : un homme lit un journal – le soleil brille – un homme écoute un disque – une femme se dirige vers la Tour Eiffel – un chat dans un arbre, etc.

Pour une leçon de 30 mn, 10 cartes que les élèves s'échangent. Ayez vous-même un exemplaire de toutes les cartes.

d. Vous pensez à des phrases que vos élèves seraient capables de faire en français, en voyant ces dessins;
Ex.

Pierre lit un journal. (Vérifiez dans le manuel les prénoms connus.)

Il a un journal/il lit un journal/il est assis et il lit un journal.

Le soleil brille./

Paul écoute un disque/il écoute un disque./

Elle va à Paris./

Le chat est dans l'arbre./L'arbre est vert/le chat noir est dans l'arbre vert./etc.

e. Vous écrivez sur des cartons d'environ 4×4 cm, au crayon feutre, les éléments de phrases parmi lesquels vos élèves choisiront ceux qu'ils veulent pour faire leurs phrases.
Pour faciliter leur travail, vous écrivez en:
– bleu, tout ce qui vient à gauche du verbe,
– rouge, les verbes,
– vert, tout ce qui vient à droite du verbe.

NB. Vos élèves ne savent pas ce que c'est qu'un «verbe». Vous écrivez l'ordre des couleurs au tableau:

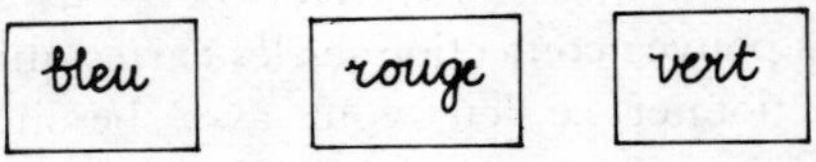

Exemples de cartons-mots:

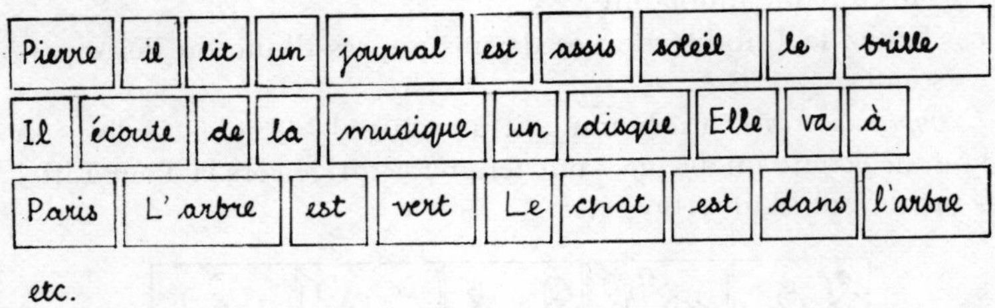

Rangez dans une enveloppe tous les cartons-mots correspondant à une carte-dessin.

Prévoyez des cartons vierges pour les élèves qui seraient capables d'utiliser des mots que vous n'auriez pas écrits.

Déroulement

1. Vous montrez d'abord à tout le groupe un paquet de cartes-dessins en les disposant une par une devant les élèves.
2. Vous leur montrez ensuite des échantillons des cartons-mots et vous faites devant eux une phrase qui se rapporte à une des cartes-dessins, en cherchant les «mots» les uns après les autres.
3. Vous distribuez à chacun des élèves des cartes-dessins et les cartons-mots correspondants.
4. Ils étalent leur matériel et commencent à composer, seuls, leurs phrases.
5. Vous vérifiez les phrases produites, en demandant à chaque élève de dire celle qu'il a écrite, pour une carte donnée.
6. S'il reste du temps, les élèves copient leurs phrases, ils peuvent aussi les réécrire de mémoire.

Votre rôle

Aller de table en table vérifier la correction des phrases construites. S'il reste du temps, vous posez les questions: Où va-t-elle? Que fait-il? etc. . .

Jeu du Télégramme

Niveau: intermédiaire et avancé.

Objectifs:

- amener les élèves à condenser les informations nécessaires en aussi peu de mots que possible,
- sensibiliser vos élèves à l'essentiel dans un message,
- réactiver des expressions de lieu et de temps,
- mettre les élèves dans une situation pratique qu'ils risquent de rencontrer s'ils vont en France.

Préparation

a. Apportez de France des *formules de télégramme*. (Reproduction facile au stencil électronique).
b. Vous devez en avoir en nombre suffisant (1 par élève).
c. Pour la variante 1, faites-vous un code du type: A comme Anatole, B comme . . . , etc. . .

d. Pensez à l'avance aux informations que les élèves devront faire passer dans leur télégramme, sous forme de propositions simples.

Ex. Vous envoyez un télégramme à votre ami(e).

Il/elle habite Paris.

Vous lui annoncez votre arrivée en lui précisant la date, l'heure, l'endroit.

Déroulement

1. Vous distribuez les formules de télégramme vierges.
2. Vous écrivez au tableau les propositions simples ci-dessus.

Si vos élèves sont très avancés, vous leur donnez ces propositions oralement.

3. Chaque élève écrit son télégramme en remplissant: nom et adresse du destinataire, texte, adresse de l'expéditeur.

Exemple :

N° 698 — Taxe principale ...

Taxes accessoires

Total ....

Cadre réservé au service

POSTES ET TÉLÉCOMMUNICATIONS

TELEGRAMME

NUMÉRO d'appel

INDICATIONS de TRANSMISSION

N° de la ligne du P.V. en cas de transmission par téléphone

NATURE du télégramme	ORIGINE	NUMÉRO	NOMBRE de mots	DATE	HEURE de dépôt	MENTIONS de service

CADRE A REMPLIR **TRÈS LISIBLEMENT** PAR L'EXPÉDITEUR

NOM et ADRESSE (en lettres majuscules d'imprimerie)

NOTA. — Adresse très complète (rue, boulevard... et numéro... de l'habitation, bloc, bâtiment, escalier, etc.).
Si le destinataire est abonné au téléphone ou au télex, pour accélérer la remise de ce télégramme : portez avant l'adresse, la mention correspondante : TÉLÉPHONE ou TÉLEX suivie si possible du numéro d'appel.

DENISE ROBLES - 14 RUE DU MARCHE - 75 - PARIS

(1)

TEXTE et éventuellement signature très lisible

ARRIVERAI GARE DU NORD 15H45 MARDI 15 FEVRIER - ROSALIE

(1) Pour vos vœux, félicitations, utilisez les télégrammes illustrés (renseignements au guichet).

Nom et adresse de l'expéditeur : ....

(Ces indications ne sont taxées et transmises que sur la demande expresse de l'expéditeur)

(L) 66 1101 1 08 096 3. – 6-1122 O

4. Vous demandez à vos élèves, en sous-groupes de 2, de se lire mutuellement leur télégramme, d'ajouter les éléments indispensables oubliés, de retirer les éléments superflus.
5. Vous demandez à plusieurs élèves de lire à haute voix leur télégramme. Vous corrigez les erreurs de langue. Vous ne laissez

subsister aucune ambiguïté. Vous supprimez les éléments inutiles.

6. Vous écrivez au tableau un des télégrammes.

7. Sachant que le tarif des télégrammes intérieurs est de 5,40F pour 10 mots (0,15 en sus pour chaque mot supplémentaire), l'adresse étant comptée au même prix, vous pouvez demander à vos élèves le prix de leur télégramme.

Variantes

1. Si vous n'avez plus de formules de télégramme, vous pouvez écrire au tableau un message incomplet (avec des blancs, des mots inachevés) et demander à toute la classe de vous aider à reconstituer le message.

Ex. FRANCINE ARRI- - - - T- - - -
BORDEAUX JEU- - 15 FE- - - - - 15H35
BAI- - - - MARIE

(Francine arrivera train Bordeaux jeudi 15 février 15H35 Baisers Marie)

La poste est fermée, il faut téléphoner le télégramme. Vous jouez le rôle de l'opératrice un peu sourde, qui demande d'épeler certains mots.

Ex. – Allô, oui, votre message?
– FRANCINE . . . . .
– Oui, F comme quoi?
– F comme . . . , etc. . .

2. Vous distribuez à chacun de vos élèves une courte lettre.

Ex. Jeudi 14 Décembre

Cher Antoine,

Voilà une bonne nouvelle. J'ai trois jours de vacances la semaine prochaine. J'aimerais bien les passer à Londres avec toi. Je prendrai le train à Paris et j'arriverai lundi à 13H20 à la gare de Victoria, où tu m'attendras, j'espère.

A bientôt,
Sylvie

Laissez aux élèves le temps de lire et comprendre la lettre.

Demandez à un élève de la lire à haute voix.

Vous expliquez que Sylvie a oublié de poster sa lettre et décide d'envoyer un télégramme à Antoine. Mais elle n'a que 6,50F et l'adresse d'Antoine est: 5 Glenlyon Road, London SE9.

Par groupe de deux, les élèves cherchent les *mots-clés* de la lettre qui serviront dans le télégramme, et les soulignent.

ARRIVERAI – VICTORIA – LUNDI – etc. . .

Ils rédigent le télégramme sur les formules que vous leur avez distribuées.

Vous en faites évaluer le prix. Chaque élève voit si Sylvie aurait assez d'argent. Si ce n'est pas le cas, il cherche à supprimer de son texte tous les mots inutiles (voir exemples de performances obtenues, plus loin).

3. Il reste à Maurice: 6,65F. Il vient de rater son train. Il veut absolument prévenir ses amis dont voici l'adresse:
Monsieur et Madame CHASSAING
14 rue du Mirail
24101 PERIGUEUX, pour qu'ils ne s'inquiètent pas.
Il fera de l'auto-stop. Il arrivera peut-être tard.
«Est-ce qu'il a assez d'argent pour payer son télégramme?»
«Est-ce qu'il lui restera de l'argent?»
Vous demandez à vos élèves de rédiger Le télégramme.

Ex. ARRIVERAI TARD AUTO-STOP MAURICE

Exemple de performance obtenue
Elèves moyens:
J'ARRIVERAI LA GARE DU NORD MERCREDI A 14 HEURES – SUSAN
Les mots-clés sont bien employés, le style n'est pas télégraphique.

Petites Annonces

Niveau: avancé.

Objectifs: parler, écrire, découvrir un point de civilisation.

Préparation

Vous sélectionnez trois ou quatre petites annonces dans un journal, vous les découpez, vous les collez sur une feuille de papier, et vous les polycopiez en autant d'exemplaires qu'il y a d'élèves dans le groupe.

NB. Vous choisissez des petites annonces déchiffrables par vos élèves: pas trop de vocabulaire technique, pas de jargon, pas de sigles.

Vous essayez de trouver des petites annonces de type différent: emploi, offres et demandes, appartements, achat et vente . . .

Déroulement

1 Vous distribuez les petites annonces polycopiées aux élèves.

2. Vous leur demandez de déchiffrer le message oralement ou par écrit, individuellement ou en groupe de deux.

Ex.:

> **7e** Magn. studio, kitch. équip., sal. bains, wc, moq., imm. de caract. 123.000 F. BRE. 35-25.

Paris – VII. A Vendre.
Magnifique studio, kitchenette équipée, salle de bains, WC, moquette, immeuble de caractère. . .

3. Vous écrivez tous ces éléments au tableau et vous demandez aux élèves ce qu'ils ont compris:

Ex. Paris, VII, qu'est-ce que ça veut dire?
Un studio, qu'est-ce que c'est?
Kitchenette: terme à la mode pour fausse cuisine, coin-cuisine, etc. . .

4. Vous demandez aux élèves de se mettre dans la peau d'un acheteur éventuel et, en groupes de 2, de penser aux informations supplémentaires qu'ils voudraient avoir sur cet appartement.

Ex. Dimensions de la pièce principale? Orientation de l'appartement? Chauffage? Etage? Ascenseur? Téléphone? Concierge? etc. . . .

5. Individuellement, ils écrivent au vendeur lui demandant tous les détails qu'ils jugent utiles de savoir avant d'acheter l'appartement.

NB. Aidez-les à trouver les formules:

«Je vous prie d'agréer, Monsieur, l'expression de ma considération distinguée.»/«Veuillez agréer, etc...»

6. Les élèves se montrent leurs lettres, les corrigent (avec votre aide) et deux ou trois d'entre eux lisent leur lettre ou celle de leur voisin, à haute voix.

Variantes

1. Vous étudiez avec vos élèves deux ou trois petits annonces, c'est-à-dire que vous les faites déchiffrer, puis vous demandez à vos élèves d'en rédiger une (demande d'emploi, de logement...)

2. Vous demandez à vos élèves de partir des éléments donnés dans une petite annonce pour composer un message *explicite* (écrit ou oral).

Ex.

XIVe 16, rue Sophie-Germain Studio neuf, gd cft. Livr. juillet. Tous les jours, 14 à 18 h.

Un studio neuf de grand confort, livrable en juillet est en vente au 16 de la Rue Sophie-Germain, Paris – XVI. On peut le visiter tous les jours de 14 h. à 18 h.

3. Après avoir déchiffré avec vos élèves deux ou trois petites annonces d'offres d'emploi, vous leur demandez d'imaginer (et jouer) l'entrevue entre le «patron» et «l'employé/e» qui vient se présenter.

Ex.

Sté pleine expans. rech. pour son Directeur Général **SECRETAIRE** Sténodact. expérim., 25 a. min., esprit d'initiat., travail varié. RIC. 98-39. ✗

Un élève joue le rôle du Directeur Général. Un élève joue le rôle de la secrétaire.

Mots Croisés

Niveau: débutant, intermédiaire et avancé.

Objectif: Utilisation orale/écrite du vocabulaire acquis.

Préparation

Elèves débutants

a. Manuel des élèves en main, choisissez des termes (noms, couleurs, verbes) que vous pouvez facilement représenter. *Ex.* souris, poule, canard, lapin, chat, chien.

b. Combinez-les de façon à établir une grille.

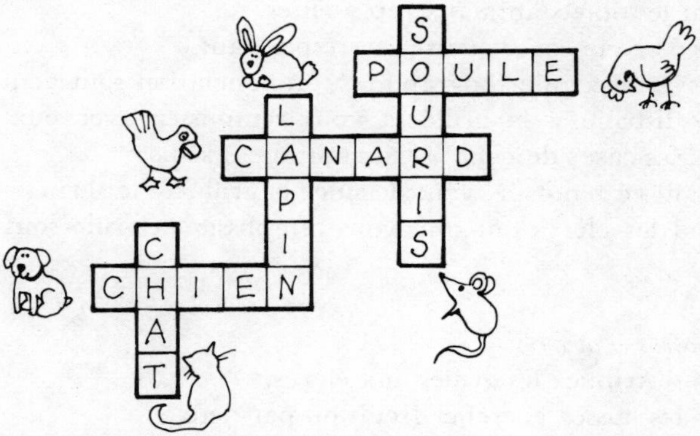

c. Faites plusieurs grilles, en choisissant des mots différents.

d. Polycopiez les grilles (non remplies évidemment).

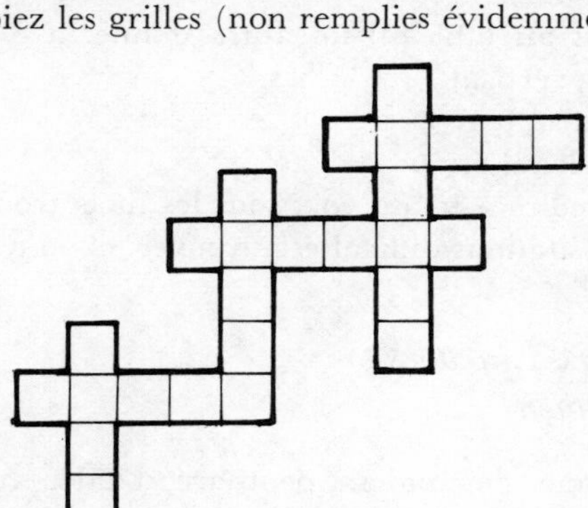

NB. Pour faciliter le travail des élèves, vous pouvez mettre quel ques-unes des lettres (initiales ou finales) dans les cases.
5. Polycopiez les dessins sur une autre feuille.

Déroulement

1. Vous donnez le document-dessin à chaque élève.
2. Vous les aidez à retrouver, prononcer et écrire les mots désignant les objets/animaux représentés.
3. Ils les écrivent sous le dessin correspondant.
4. Vous vérifiez qu'orthographe et prononciation sont acquises.
5. Vous distribuez la grille et vous remplissez avec eux, par exemple, les cases de «chat». Ils continuent seuls.
6. Pendant ce temps-là, vous dessinez la grille au tableau.
7. Quand les élèves ont fini, vous remplissez la grille sous leur dictée.

Elèves moyens et avancés

1. Vous distribuez les grilles aux élèves.
2. Vous les laissez chercher (seuls ou par deux).
3. Pendant ce temps vous faites la grille au tableau.
4. Quand ils ont fini:
   - un élève vient au tableau, un autre donne la définition: 1 horizontal, 3 vertical . . . ,
   - les autres donnent la réponse,
   - l'élève, au tableau, écrit.
5. Ils peuvent redire à haute voix tous les mots trouvés ou discuter de leurs hésitations/difficultés à trouver tel ou tel mot.

Préparation aux Epreuves Ecrites d'Examen

Le professeur vous demandera peut-être d'aider vos élèves à préparer certaines épreuves d'examen:

–l'épreuve de réponses à des questions en français sur un texte (*O-level*).
–l'«essay» en français (sujet d'ordre général) *A-level*.
Voyez: *Re-création de textes*, *création de textes*, *Discussions/Débats*, Fiche *Découverte du texte*.
Entraînez les élèves à la compréhension/l'analyse d'un texte court, la formulation de phrases, l'expression/la discussion d'idées.
Travaillez en étroite collaboration avec le professeur (Type d'épreuves – Exemples de performances – Exemples de sujets. . .).

O-Level

Texte

Nous avions joué au volley-ball pendant plus d'une heure. Le terrain de jeu se trouvait derrière l'un des immeubles modernes à plusieurs étages, que les centres de recherche de Saclay et d'Orsay mettaient à la disposition des savants et de leurs familles.

Lorsque fatigués, nous cédâmes le terrain à d'autres amateurs, Mme Couderc, nous offrit le goûter, que nous prîmes sur l'herbe – physiciens, biologistes, enfants, chats et chiens mêlés – dans le brouhaha d'une conversation qui tournait autour de la coupe de football, du dernier film de Jean-Luc Godard et de je ne sais quelle recette de cuisine. Bref, on eût dit que la science était le souci des gens qui vivaient non pas près de Saclay, mais sur une autre planète.

Malheureusement je ne pus parler à M. Couderc, qui était entré dans la maison prendre une douche.

Plus tard, je le vis sortir en tenue de ville et mon coeur se mit à battre. Quoi, il allait partir? Alors, adieu à mes projets! Je ne réussirais pas à pénétrer dans le Centre atomique! Quittant abruptement un monsieur d'un certain âge qui voulait savoir si j'étais collectionneur de timbres-poste, je courus à la rencontre de notre hôte.
– Vous partez, monsieur? demandai-je, hors de souffle.
M. Couderc me considéra avec un sourire amusé.

– C'est que, mon vieux, je ne peux pas jouer au volley-ball tout l'après-midi.
– Vous allez à Paris?
– Mais non. Je dois faire un tour à Saclay . . . Ce sont ces expériences . . . elles ne connaissent ni fêtes ni dimanche . . .
– Monsieur, m'écriai-je, emmenez-moi à Saclay! Je voudrais tellement voir la pile atomique et . . . et . . . les autres installations!
– Mais, Mathieu, le Centre atomique n'est pas un endroit que les adolescents peuvent visiter, comme ça . . .
– Monsieur, insistai-je, c'est dimanche aujourd'hui! A Saclay il y a sans doute moins de monde. Je ne vous dérangerai pas, je vous le jure. Emmenez-moi, je vous en prie!
M. Couderc semblait hésiter. Retenant mon souffle, j'attendis sa réponse.
– Hm! fit-il, une fois n'est pas coutume. Eh bien, venez!
Je me retins à grand-peine pour ne pas faire un saut de joie.
Une minute plus tard nous roulions dans la Peugeot en direction de Saclay.

(GCE O-level Londres, Janvier 1974)

Préparation

a. Vous polycopiez le texte en autant d'exemplaires qu'il y a d'élèves.
b. Vous relevez/analysez les difficultés de grammaire et de vocabulaire qui sont susceptibles de les arrêter.

Vous préparez une petite liste de questions autour de: Qui? – Quoi? Où? Quand? Comment? Pourquoi? (Voir *Exploitation d'un texte oral*.)

Vous les tapez et vous les polycopiez.

Déroulement

Vous pouvez procéder comme pour la *Re-création de Texte*, ou bien:

1. Vous distribuez le texte.
2. Vous laissez aux élèves le temps de le lire,
3. Vous leur demandez de *souligner* les difficultés et d'y réfléchir (peut-être les résoudre) avec leur voisin,
4. Un/deux élèves lisent le texte à haute voix,

5. Vous demandez au groupe s'il y a des problèmes qui les empêchent de bien comprendre le texte (mot ou tournure inhabituels),

6. Vous aplanissez ces difficultés en:
   leur faisant trouver synonymes/antonymes,
   leur faisant faire des exercices de substitution (tournures – constructions).

7. Quand vous sentez que les difficultés de langue sont aplanies, vous demandez aux élèves de se poser, par groupe de deux, des questions de comprehension sur le texte (le plus possible).
   Où est-ce que ça se passe? Quand?
   Y a-t-il des personnages? Comment s'appellent-ils?
   Combien sont-ils?
   Qu'est-ce qu'ils font? Où se trouvent-ils? Pourquoi sont-ils là? . . .

8. Vous demandez à 2 ou 3 élèves de récapituler *oralement*, par phrases complètes, les informations recueillies (sans regarder le texte).

9. Vous leur distribuez à chacun la liste de questions que vous avez polycopiée (sinon, vous l'écrivez au tableau).

10. Chacun essaie individuellement de répondre par écrit à ces questions et vous vérifiez sur place (ou en relevant les feuilles à la fin du cours) la correction des réponses (compréhension satisfaisante, expression acceptable.)

Dans la mesure du possible, vous indiquez à chaque élève, là où doivent porter ses efforts: ordre des mots dans la phrase, temps verbaux, genre/nombre. . . .

Vous partez des *erreurs* les plus fréquentes pour choisir vos activités avec ces élèves pour les semaines suivantes. (Voir *Fiche Grammaire.*)

A-Level

3 points sur lesquels faire porter les efforts de vos élèves.

1 **Les Idées**	2 **La Langue**
• Recherche • Echange • Expression • Clarification • Classement	• construction de phrases • construction de paragraphes • Transitions: Nuances/Concession Opposition (d'un côté . . . mais de l'autre, de même que . . . Tout comme . . . Contrairement à . . . Au contraire . . . A l'opposé de . . .)

3
Organisation d'un devoir

- Exposé du problème («introduction»)
- Exploration du problème et evaluation de tous ses aspects. Chacun privilégie les points qui lui paraissent les plus importants pour démontrer le bien – fondé de son point de vue (corps du devoir: «lère, 2 ème, 3 ème . . . parties)
- Rappel des points essentiels et expression de la prise de position personnelle («conclusion»)

Préparation

Vous sélectionnez quelques sujets d'examen auxquels vo *réfléchissez* (sans aller jusqu'à rédiger l'Essay) mais en trouvant des idées/faisant un plan.

Ex. «Les moyens violents ne conviennent point à la cause juste.» Discutez.

«Le cinéma est une industrie, non un art.» Discutez.

(GCE *A-level*. Londres, Janvier 1974)

Déroulement

1. Vous proposez le sujet à vos élèves et vous l'écrivez au tableau. Vous demandez à un ou deux élèves de le lire à haute voix, puis de vous indiquer quels sont les *mots-clés*. Vous les soulignez. (Si certains d'entre eux semblent ne pas comprendre ces mots, vous demandez au groupe de proposer des synonymes, des expressions équivalentes.)

2. Vous leur demandez de relire cette phrase, ce sujet, d'y réfléchir quelques minutes, et de mettre sur une feuille *en français* tout ce qui leur vient à l'esprit à propos de ce sujet (5mn).

3. Vous leur demandez d'échanger leurs feuilles et de compléter/discuter/réfuter/corriger les affirmations de leur voisin.
4. Deux ou trois d'entre eux font part au groupe des idées échangées.
5. Chacun essaie, par écrit, d'organiser les idées qu'il retient (les siennes et celles qui lui ont été suggérées pendant la discussion).
7. Vous demandez à chacun des membres du groupe de *dire* ce qu'il a écrit. Vous écrivez au tableau les éléments importants.
8. Vous revenez ensuite au problème soulevé dans le sujet (rapport entre les mots-clés).

De quoi s'agit-il au juste? Une affirmation? Laquelle? Etes-vous d'accord avec elle? Si oui/non, pourquoi?

9. Vous montrez que les réponses à ces questions ont été formulées dans la recherche d'idées dont vous avez écrit les résultats au tableau.
10. Vous aidez vos élèves à trouver un plan pour organiser ces éléments: idées générales/exemples, «Pour»/«Contre».
11. Une fois le plan ébauché, les élèves en petits groupes essaient d'écrire un paragraphe.

NB. Vous n'allez pas *corriger* d'Essays. Vous n'allez pas non plus en faire rédiger en classe. Votre rôle est essentiellement d'aider vos élèves à: exprimer *leurs* idées en français, écrire *correctement* en français, savoir construire des phrases plus complexes que Sujet+Verbe+Complément, et utiliser un vocabulaire plus varié que celui du FF.

12. En fin de séance, s'il reste du temps, vous pouvez faire partager aux élèves les idées qui vous étaient venues (mais qui leur ont échappé ou auxquelles ils n'ont pas pensé) à propos de ce sujet.

Ne soyez pas dogmatique. N'essayez pas de convaincre. *Proposez*. Ce sont les élèves qui vont passer l'examen pas vous. Il vaut mieux leur donner des recettes pour mieux dire ce qu'ils ont à dire, *eux*, plutôt que de leur imposer vos trouvailles et votre méthode de réflexion.

4

L'Education au Royaume-Uni: un Minimum à Savoir

Introduction

- Vous venez d'être nommé dans tel ou tel établissement.
- Vous vous posez probablement beaucoup de questions: «Quels élèves est-ce que j'aurai? Est-ce que je devrai les préparer à des examens? etc.»
- Le professeur responsable de la section de français, à qui vous écrivez, répondra à ces questions.
- Mais, *sur place*, vous allez souvent vous trouver dans des situations concrètes où il vous manquera sans doute des éléments d'information.

Ex. Un élève chahute tout le temps, ne participe pas. A qui vous adresser pour avoir des renseignements sur lui et mieux comprendre son attitude?

On annonce à l'école la visite d'un H.M.I. Que veulent dire ces initiles?

Vous devez aider une classe à préparer aux épreuves du C.S.E. Mode III. Qu'est-ce que c'est?

Vous trouvez un jour le hall de l'école fermé, avec cet écriteau: «Meeting of Governors». De qui/de quoi s'agit-il?

Nous vous proposons dans les pages qui suivent, une série de *documents* que vous pourrez *consulter* lorsque vous en aurez besoin, *au fur et à mesure* de votre expérience.

Ces documents sont nécessairement schématiques.

Ils tentent seulement de répondre aux questions que se sont posées vos prédécesseurs et ne cherchent pas à donner un tableau exhaustif de l'*Education au Royaume-Uni*, dont les caractères essentiels sont certainement, variété et constante évolution.

Ils doivent aussi vous permettre de mieux vous intégrer à votre milieu de travail en vous permettant de mieux le connaître.

Pour éviter le danger de plaquer une réalité française sur la réalité anglaise, totalement différente, nous avons délibérement gardé les termes anglais.

Document A: L'Organisation de l'Education au Royaume-Uni

En matière d'éducation, comme ailleurs, c'est le Parlement qui promulgue les lois (*Ex. Education Act* de 1944 qui a déterminé un remaniement important de l'organisation de l'Education.

Un «Secretary of State», pour l'Angleterre. pour l'Ecosse, le Pays de Galles, un «Ministry of Education», pour l'Irlande du Nord sont chargés de faire appliquer les lois. Ils délèguent une partie de leurs pouvoirs aux gouvernements locaux qui ont pour tâche de pourvoir à l'éducation dans leur région.

Local Education Authority

C'est donc la responsabilité, en matière d'Education, que détiennent les élus locaux (*Councillors*), au niveau de la région.

Cette responsabilité doit être exercée par un *Education Committee* formé de représentants majoritaires du *Council* qui ne sont pas forcément spécialistes d'enseignement, et de membres cooptés, pédagogues ou liés à l'Enseignement.

Ce conseil siège environ six fois par an.

L'exécutif doit être assuré par un bureau permanent, *Education Office* dirigé par un *Chief Education Officer* (C.E.O.), au County Hall, en général.

C'est à ce bureau permanent qu'appartiennent, par exemple, les *Language advisers* (conseillers pédagogiques) qui coordonnent l'enseignement des langues dans les écoles, animent des programmes de recyclage et d'information pour les professeurs de langue, organisent souvent des journées d'information, des réunions, quelquefois des cours d'anglais, pour les Assistants de toutes nationalités.

Obligations et Droits des L.E.A.s

1. Mettre en place un *Education Committee*. (Voir plus haut.)
2. Assurer le fonctionnement d'un nombre suffisant d'écoles primaires, secondaires dans leur région.
3. Assurer l'Education Permanente (*Further Education*) et pourvoir à des occupations de loisirs (les nombreux *Evening Institutes* qui offrent des cours de toutes sortes: yoga, cuisine, etc...).
4. Décider du budget des établissements.
5. Nommer le/la directeur/trice (*Headteacher*. Voir *Doc. E.* p 162) des établissements.
6. Désigner, pour chaque établissement, des *Governors* (ou *Managers*) dont on peut s'attendre qu'ils reflètent la majorité politique du *Council*. (Les *governors* contrôlent les dépenses, l'entretien des bâtiments, les programmes, les nominations, mais ils n'ont pas de pouvoir de décision.)

Les ressources des L.E.A.s en matière d'éducation

1. Une partie de la recette des impôts locaux (*rates*).
2. La subvention (*Rate Support Grant*) accordée par le ministère des finances (gouvernement Central).

Cette subvention est évaluée par le D.E.S. (Angleterre), le S.E.D. (Ecosse), le *Welsh Office* (Pays de Galles) (voir plus loin).

Les L.E.A.s consacrent, en général, 52% de leur budget à l'Education.

La subvention du Gouvernement Central représente environ les 3/5 de ces dépenses.

NB. L'autonomie (relative) des L.E.A.s, la variété des *counties* et des *boroughs* (opposition Nord – Sud, contexte urbain – rural, contexte industriel ou non, etc..) le poids de l'un ou l'autre des partis politiques dans les *councils*, la présence des groupes influents, font que les réalisations scolaires varient d'un endroit à un autre.

Les L.E.A.s

Le nouveau découpage territorial (mis en place en 1972 en Irlande du Nord, en 1974 en Angleterre et au Pays de Galles, en 1975 en Ecosse) fixe comme suit le nombre des L.E.A.s: Angleterre et Pays de Galles: 104, Ecosse: 8, Irlande du Nord: 4. (En

Irlande du Nord, les L.E.A.s prennent le nom de *Area Education and Library Board*).

ANGLETERRE ET PAYS DE GALLES

Découpage territorial et représentation	Nombre	L.E.A.
Metropolitan Counties:	6	
– County Councils	6	
– *District Councils*	36	36
Non-metropolitan Counties:	47	
– *County Councils*	47	47
– District Councils	333	

Dans les *Metropolitan Counties* (6 grandes agglomérations urbaines), la *Local Education Authority* est la responsabilité de *District Councils*.

Dans les *Non-Metropolitan Counties*, elle est la responsabilité du *County Councils*.

GRAND LONDRES

Découpage territorial et représentation	Nombre	L.E.A.
Outer London Boroughs:	20	
O.L. Borough Councils	20	20
Inner London Boroughs:	12	
+ City	+ 1	
I.L. Borough Councils	13	1*

[1*: I.L.E.A. (Inner London E.A.) qui comprend aussi 15 représentants du *Greater London Council*]

Cartes des Régions

Angleterre et Pays de Galles

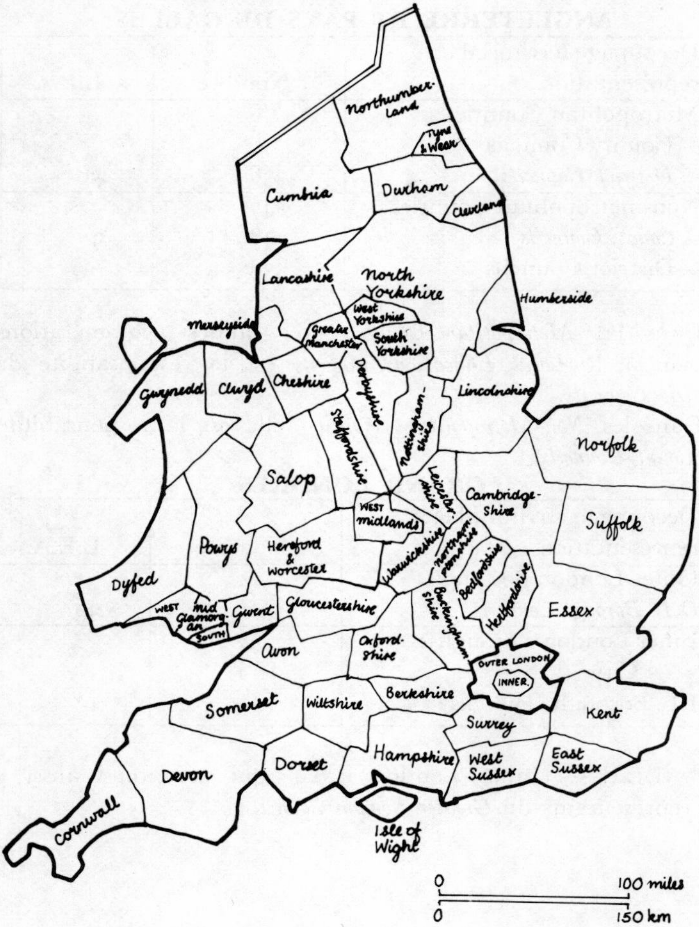

Ecosse

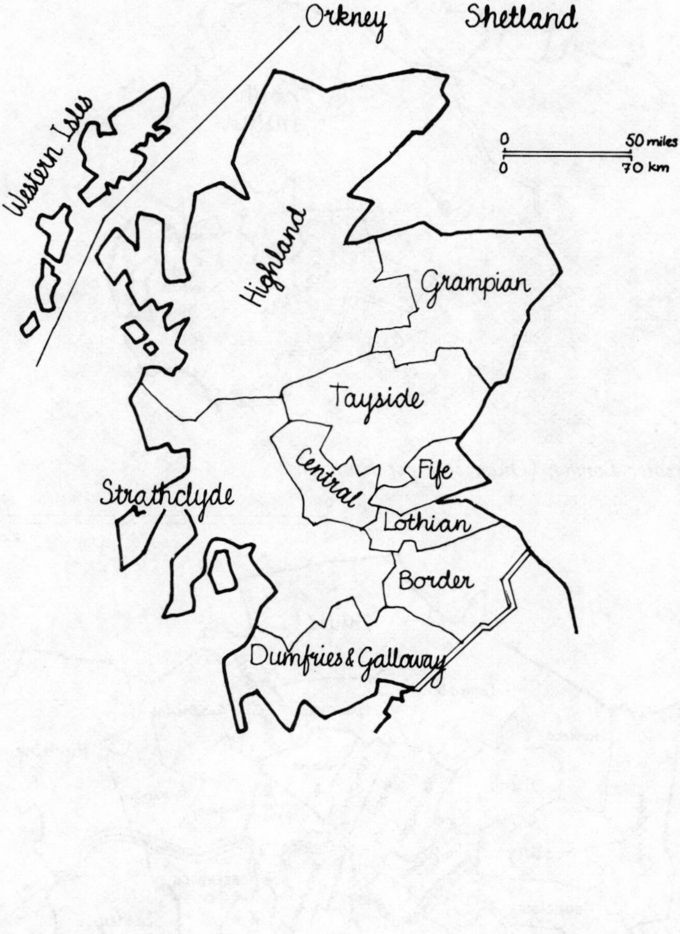
Orkney
Shetland
Western Isles
Highland
Grampian
0
50 miles
0
70 km
Tayside
Central
Fife
Strathclyde
Lothian
Border
Dumfries & Galloway

Irlande du Nord

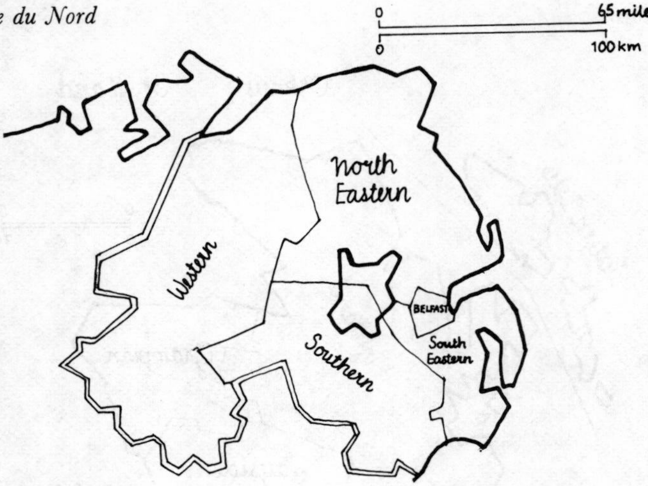

Greater London (Outer et Inner Boroughs)

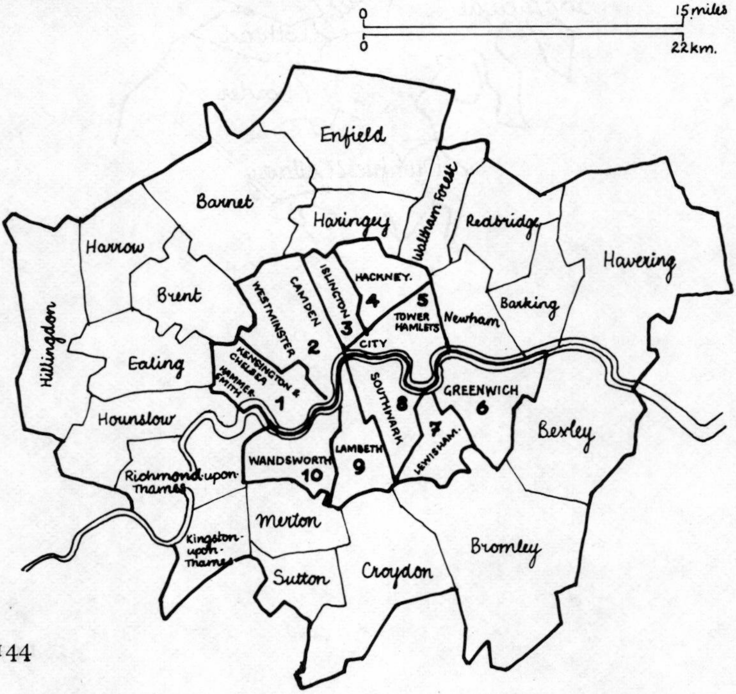

NB. La carte ne fait apparaître que 10 des 12 Inner Boroughs. Tracez la frontière entre Hammersmith et Kensington-Chelsea, et entre Camden et Westminster.

D.E.S. (**Department of Education and Science**), Londres:
- à sa tête: un *Secretary of State*, membre du Gouvernement, et donc lié au programme de son parti, définit la politique générale en matière d'éducation.
- est responsable, en Angleterre, de tous les aspects de l'éducation, au Pays de Galles, de l'enseignement post-scolaire, en Ecosse, de l'enseignement supérieur.
- ne prescrit pas les programmes d'enseignement, ni les manuels (c'est du ressort des L.E.A.s).
- contrôle la répartition, le coût des constructions scolaires,
- contrôle la formation, le nombre, la répartition des enseignants, mais ne les recrute ni ne les paie.
- en collaboration avec les L.E.A.s, évalue les dépenses à venir dans les régions, en matière d'éducation; cette estimation permettra de fixer la subvention accordée aux gouvernements locaux par le Ministère des Finances (*Rate Support Grant*).
- exerce son contrôle par des arrêtés (qui ont force de loi), des circulaires, des memoranda, des livres blancs.

(Vous entendrez certainement parler des circulaires 10/65 (Oct. 1965) et 4/74 (Avril 1974) sur la mise en place de la *Comprehensive Education.*)

Welsh Education Office, Cardiff:
- fonctionne de la même manière que le D.E.S. (en matière d'éducation primaire et secondaire).

Scottish Education Department, Edimbourg:
- a les mêmes responsabilités que le D.E.S. (à l'exception de la politique scientifique et de recherche).

Le lien entre le S.E.D., le D.E.S. et le Parlement est assuré par le *Scottish Office*, Londres.

Ministry of Education, Belfast:
- est responsable de la politique générale en matière d'éducation.

H.M.I's (Her Majesty's Inspectors):

- nommés par le souverain sur recommandation du *Secretary of State*,
- ils peuvent inspecter toutes les écoles. Mais leur rôle est autant de *conseiller* que d'*inspecter*,
- ils rendent compte au *Secretary of State* de l'enseignement qui se fait dans les écoles,
- ils participent à la *recherche pédagogique*, véhiculent les idées, les préoccupations, les suggestions,
- ils représentent un chaînon important dans le réseau de communication entre le D.E.S., le S.E.D., le *Schools Council*, les *Examination Boards*.

Schools Council for Curriculum and Examinations:

- fondé en 1964, financé par le gouvernement central et les L.E.A.s, formé de pédagogues, il fait des recherches dans le domaine de l'enseignement (contenu, méthodes et examens).

Ces recherches font l'objet de publications (par exemple, le *Working Paper n°28 – New patterns in Sixth Form Modern Language Studies*, 1970).

Tableau récapitulatif sommaire

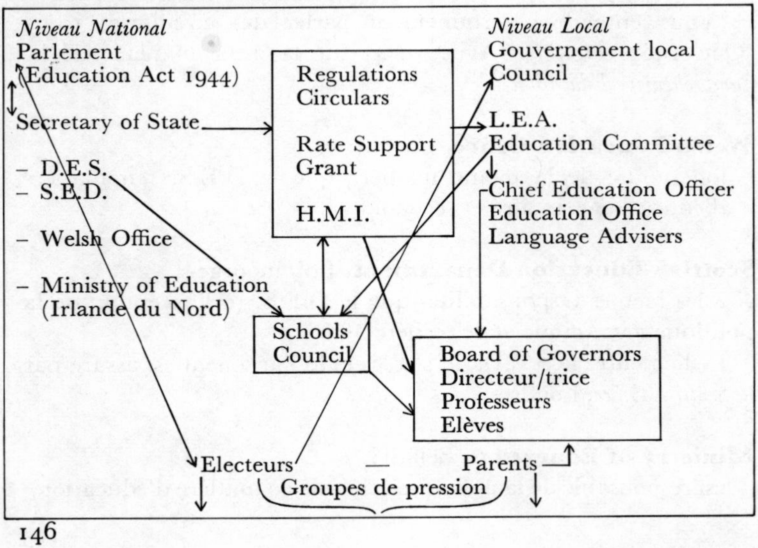

Document B: Etablissements d'Enseignement au Royaume-uni

1. Etablissements Scolaires

Etablissements (Schools)	**Age entrée**	**sortie**	**Sélection à l'entrée**	**Gratuité**
Nursery	2	3		oui
Infant	5	7		oui
Junior	7	11		oui
Prep.	8	13	oui	non
Middle	8 9	12 13		oui
Comprehensive	11 12 13 14	16–18	non	oui
Secondary Modern	11	16	non	oui
Intermediate (Irlande)	11	16	oui	oui
Grammar Bilateral Technical	11	16–18	oui (le "11+")	oui (Irlande non)
Direct Grant Grant Aided (Ecosse)	11 12	16–18 16–18	oui	non
Independent dont "Public Schools"	10 13	16–18	oui "Common Entrance Examination"	"Fees" allant de £700 à & 1100/an (1974)
Sixth Form Colleges	16	18	C.S.E./G.C.E. O-level	oui

NB. La gratuité porte sur les livres, les cahiers, les repas de midi (en partie). Les frais vestimentaires sont à la charge des parents (sauf dans certains cas) même si l'uniforme est obligatoire.

La scolarité est obligatoire jusqu'à 16 ans, depuis 1973.

Les écoles secondaires d'état *maintained schools* sont de 3 types: *secondary modern*, *grammar*, *comprehensive*.

Une école sans examen d'entrée et où l'éventail des matières est large est dite *comprehensive*.

Depuis 1944, la volonté de donner à chacun une égalité des chances s'est d'abord marquée par la mise en place d'une sélection (un ensemble de tests passés vers 11 ans, d'où leur nom *eleven plus*, 11+) qui devait permettre aux meilleurs d'entrer dans une *grammar school*, sans discrimination d'origine sociale.

Les meilleurs se révélèrent être les plus favorisés culturellement, c'est-à-dire aussi socialement. Dans les années 50, le Parti Travailliste décida donc de supprimer le 11+ et, dès son arrivée au gouvernement en 1964, entreprit de réorganiser l'enseignement secondaire dans le sens *Comprehensive* par la circular 10/65 aux L.E.A.s (Voir *Document A.*)

Le Parti Conservateur ne presse pas la réorganisation de l'enseignement secondaire (circular 10/70).

La *Comprehensive Education* reste un sujet de controverse (parents – enseignants – L.E.A.s – partis politiques).

Déroulement possible de la scolarité dans la Comprehensive Education

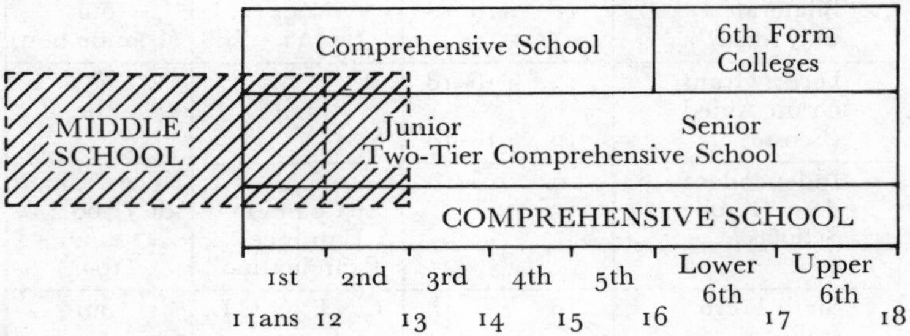

Les *Direct Grant Schools* (Angleterre et Pays de Galles), *Grant Aided Schools* (Ecosse), sont subventionnés par le D.E.S. et le S.E.D., respectivement.

Elles ne dépendent pas des L.E.A.s. La plupart sont des *grammar schools*. 25% des places de chaque promotion sont réservés à la L.E.A. qui y place des enfants ayant réussi le 11+ et dont elle paie les fris de scolarité.

Les *Independent Schools* doivent être reconnues officiellement par le D.E.S. ou le S.E.D.

En Angleterre, les *Public Schools* (sélectives – privées – payantes) font partie de cette catégorie.

Les *Sixth form Colleges* regroupent les élèves de 6th forms d'une zone donnée. Ils répondent à un souci d'économie et permettent aux jeunes gens de 16 à 18 ans de terminer leurs études secondaires dans une atmosphère moins scolaire.

NB. En Irlande du Nord, les écoles d'état (*county schools*) ne sont pas confessionnelles, mais la majorité des enfants qui les fréquentent sont de famille protestante.

Les *voluntary schools* (catholiques ou protestantes), «écoles libres», se divisent en écoles subventionnées à 80% (*maintained*) et en écoles subventionnées à 65% (*voluntary*). Celles du premier type (*maintained*) sont, en majorité, catholiques.

Par circular (Avril 1974), le Ministère de l'Education soumet à l'étude de tous les corps intéressés son projet d'école mixte *Shared School* ou *Mixed Schooling*, (catholiques et protestants).

2. Quelques chiffres

a. Angleterre et Pays de Galles

Les deux schémas suivants ont été établis d'après les *Statistics of Education for England & Wales*, H.M.S.O., 1965, 1972.

Ils indiquent:

- le nombre et la proportion des élèves dans les différentes écoles secondaires publiques et privées, en 1965, et en 1972.
- l'orientation de ces élèves en fin d'études.

Vous noterez surtout la proportion des élèves des écoles *grammar* et *independent* dans les classes préparatoires aux examens de fin d'études et dans l'enseignement supérieur. Vous remarquerez aussi l'expansion des écoles *comprehensive* de 1965 à 1972.

L'Enseignement Secondaire en Angleterre et au Pays de Galles

Répartition et Orientation des Elèves **En** 1965

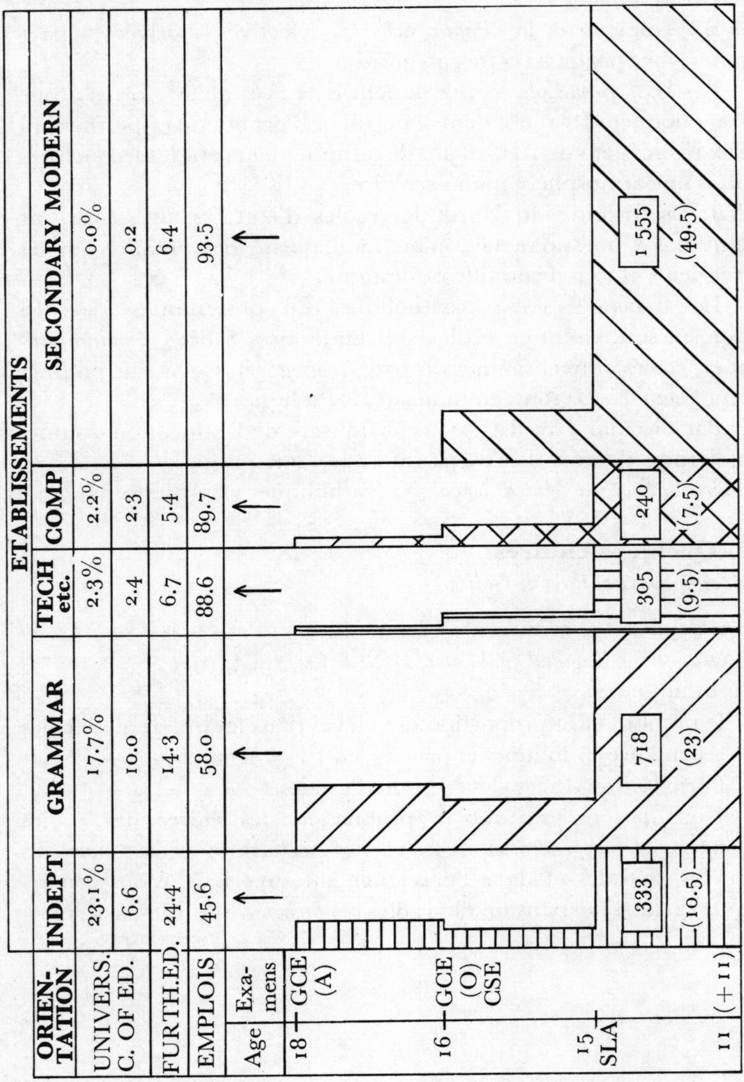
ETABLISSEMENTS
ORIEN-TATION
INDEPT
GRAMMAR
TECH etc.
COMP
SECONDARY MODERN
UNIVERS.
C. OF ED.
FURTH.ED.
EMPLOIS
23.1%
6.6
24.4
45.6
17.7%
10.0
14.3
58.0
2.3%
2.4
6.7
88.6
2.2%
2.3
5.4
89.7
0.0%
0.2
6.4
93.5
Age
Exa-mens
18
GCE (A)
16
GCE (O) CSE
15 SLA
11 (+11)
333
(10.5)
718
(23)
305
(9.5)
240
(7.5)
1 555
(49.5)

En 1972

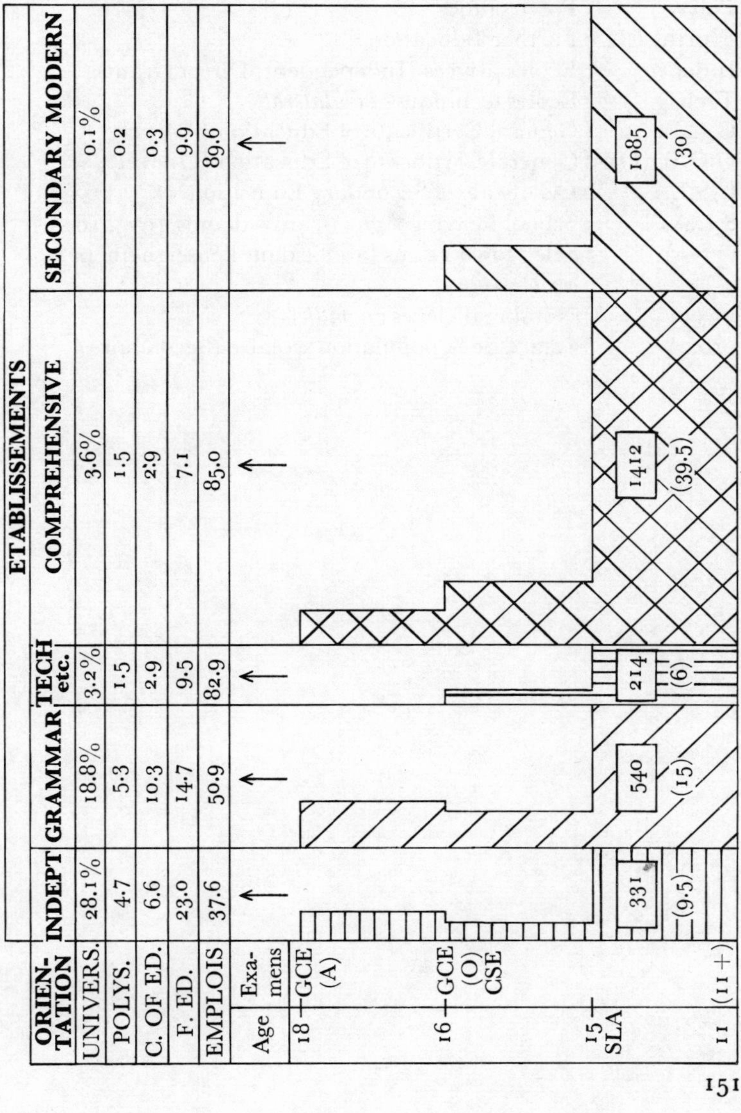
ORIEN-TATION
ETABLISSEMENTS
INDEPT
GRAMMAR
TECH etc.
COMPREHENSIVE
SECONDARY MODERN
UNIVERS.
28.1%
18.8%
3.2%
3.6%
0.1%
POLYS.
4.7
5.3
1.5
1.5
0.2
C. OF ED.
6.6
10.3
2.9
2.9
0.3
F. ED.
23.0
14.7
9.5
7.1
9.9
EMPLOIS
37.6
50.9
82.9
85.0
89.6
Age
Exa-mens
18
GCE (A)
16
GCE (O) CSE
15
SLA
11
(11+)
331
(9.5)
540
(15)
214
(6)
1412
(39.5)
1085
(30)

Abréviations

Univers.	: Universités
C. of Ed.	: Colleges of Education (Ecoles Normales)
Polys	: Polytechnics
F(urth) ED.	: Further Education
Indept	: Ecoles privées (Independent, Direct Grant)
Tech	: Ecoles techniques et *bilateral*
G.C.E. (A)	: General Certificate of Education (A-level)
G.C.E. (O)	: General Certificate of Education (O-level)
C.S.E.	: Certificate of Secondary Education
S.L.A.	: School Leaving Age (15 ans – depuis 1973, 16 ans)
(11+)	: Sélection à 11 ans (abolie dans l'enseignement *comprehensive*)
333	: Nombre d'élèves en *milliers*
(10.2)	: 10,2% de la population scolaire (Secondaire)

b. Ecosse
3102 écoles d'état (*maintained schools*)
45 écoles subventionnées (*grant aided schools*)
107 écoles indépendantes.
NB. Les écoles d'état peuvent être confessionnelles (*denominational*). En 1972, 21% des enfants scolarisés fréquentent des écoles catholiques. (Chiffres empruntés à la brochure publiée par le S.E.D., *L'Education en Ecosse. Quelques chiffres et précisions*, 1973).

c. Irlande du Nord
Les écoles d'état comptent 27 *grammar schools* et 87 *intermediate schools.*

Les écoles confessionnelles subventionnées à 80% (*maintained*) comptent 56 grammar schools et 84 intermediate schools.

Les écoles subventionnées à 65% (*voluntary*) comptent 4 *grammar schools et* 3 *intermediate schools.*

(Chiffres empruntés à *Ulster Year Book*, 1973).

3. Etablissements d'enseignement supérieur, et de formation permanente ou continuée

1. *Colleges of Education*
Sélection à l'entrée (G.C.E. O/A-level et entrevues individuelles.)

Ils assurent la formation des professeurs du primaire et du secondaire en 3 ans ou en 4 ans, en préparant aux épreuves d'un *Teaching Certificate* ou *Diploma* (3 ans) ou du B. Ed., *Bachelor of Education*, (4 ans). Quelle que soit la durée des études, les étudiants effectuent des stages pédagogiques.

Angleterre et Pays de Galles: 159. Ils peuvent être financés par les L.E.A.s ou subventionnés par le D.E.S. (*voluntary colleges*, souvent confessionnels).

Ecosse: 10, financés par le S.E.D. (Voir *Doc. A.*)

Irlande du Nord: 3, dont 2 confessionnels.
NB. Une importante réforme est en cours (1974).

2. *Polytechnics*
Au nombre de 30, en Angleterre et au Pays de Galles, ces établissements sont en rapport avec l'industrie et le commerce.

Leurs cours (plein temps, mi-temps, *cours sandwich* préparent, entre autres, aux épreuves de B.A., B.Sc., M.A., M.Sc., diplômes délivrés par le C.N.A.A. (Voir *Doc. C.* p158).

De création récente (fin des années 60), ils sont financés par les L.E.A.s.

NB. En Ecosse, 13 *Central Institutions* ont à peu près la même vocation.

3. *Universités*

Financement assuré par le D.E.S. sur la recommandation du U.G.C. (*University Grants Committee*, Londres).

On n'y est admis qu'après sélection (G.C.E. A-level), étude du dossier, entrevue individuelle et, quelquefois, tests d'entrée.

Elles préparent, en général, en trois ou quatre années, au B.A. et au B.Sc. Elles préparent également au M.A., M.Sc., M. Phil., Ph.D.

Angleterre et Pays de Galles: 34, dont certaines ont un *Education Department*, qui assure, en un an, une formation pédagogique aux futurs enseignants.

Ecosse: 8.

Irlande du Nord: 2.

NB. Les Universités n'acceptent pas d'auditeurs libres. Renseignez-vous (service du *Registrar*) pour savoir si des cours sont organisés pour les assistants de votre ville, votre région.

4. *Open University*

Fonctionne depuis 1971, dans tout le Royaume-Uni.

Ouverte à tous, elle prépare aux diplômes cités ci-dessus, et assure aussi des cours de recyclage.

Elle utilise la télévision, la radio, les cours par correspondance, des périodes de cours intensifs (week-ends par exemple).

Les étudiants peuvent aussi consulter personnellement les enseignants responsables ou des moniteurs (*tutors*).

(En 1974, elle comptait 53,000 étudiants).

5. *Colleges of Further Education*

Souvent encore appelés *Technical Colleges*. C'est le cas en Irlande du Nord.

Ils assurent un enseignement post-scolaire de niveau très varié (formation professionnelle, formation continuée, activités de loisirs) selon différentes modalités: plein temps, mi-temps, *cours sandwich*, cours du soir.

On peut s'y préparer à divers diplômes, dont les G.C.E. O-level et A-level, B.A. et B.Sc., M.A. et M.Sc.

Ils sont financés par les L.E.A.s.

Document C: Diplômes et Examens

1. Diplômes de fin d'études secondaires

Ils sont délivrés après examens.

Ceux que vos élèves essaient d'obtenir sont en général:

a. Angleterre, Pays de Galles, Irlande du Nord

A la fin de la 5th form (16 ans environ):

- soit le *C.S.E.* (*Certificate of Secondary Education*), établi en 1965,
- soit le *G.C.E. O-level* (*General Certificate of Education* – Ordinary level).

NB. Un élève peut tenter d'obtenir les deux.

A la fin de la deuxième année de 6th form (18 ans environ), le *G.C.E. A-level* (*General Certificate of Education – Advanced level*) nécessaire à l'entrée dans l'Enseignement Supérieur.

NB. Les *Northern Ireland* C.S.E. et G.C.E. sont comparables au C.S.E. et G.C.E. délivrés en Angleterre et au Pays de Galles.

b. Ecosse (Ces diplômes sont nationaux):

- à la fin de la SIV, SV ou SVI (à 17 ans, ou plus), le *S.C.E. O-Grade* (*Scottish Certificate of Education – Ordinary grade*),
- à la fin de la SV ou SVI (à 18 ans, ou plus), le *S.C.E. H-grade* (*Scottish Certificate of Education – Higher grade*),
- à la fin de la SVI, le *Certificate of Sixth Year Studies*, dans 3 (au maximum) matières où l'on a déja obtenu le S.C.E. *Higher Grade*.

NB. Ces diplômes sont délivrés par matière.

On ne dit pas «J'ai mon O-level» comme on dit «J'ai mon bac». Mais «I've got 3 O-levels in Maths, Chemistry and

French», ou «She's got 3 good A-levels: she'll probably go to University».

Dans chaque matière, les résultats sont exprimés en *grades*, allant de 1 à 8 ou 9 (C.S.E.) ou de A à E (G.C.E.).

Un C.S.E. Grade 1 est au moins équivalent à G.C.E. (Grade C).

Toutes les universités (excepté en Ecosse) acceptent indifféremment C.S.E. 1 et G.C.E. O-level.

Le G.C.E. O-level n'est pas obligatoire pour la préparation du G.C.E. A-level.

2. Examination Boards

Ils organisent les examens et délivrent les diplômes.

a. Angleterre et Pays de Galles

14 Boards pour le C.S.E. Ils s'organisent en comités où les professeurs sont largement représentés.

8 Boards pour le G.C.E., 6 appartiennent à une Université. Les professeurs y sont aussi représentés.

Chaque Board établit ses programmes et ses épreuves d'examen. Il en résulte une variété entre les épreuves d'examens et quelquefois des différences de niveau. Mais une standardisation des épreuves est promue par une action conjointe des Boards et du *Schools Council*. (Voir *Doc. A* p. 139).

Des réunions régulières entre délégués des Boards assurent la coordination et la coopération nécessaires.

Des annonces dans le *Times Educational Supplement*, le *Guardian*, le *Times*, etc. permettent le recrutement des examinateurs.

b. Ecosse

Un seul Board et un système d'examens nationaux.

c. Irlande du Nord

Deux Boards, un pour le C.S.E., un pour le G.C.E.

3. Les Examens

a. Le C.S.E.

Il s'organise selon trois modalités.

Mode 1 : le Board définit le programme et les épreuves. Il fait élaborer, passer et noter ces épreuves.

Mode 2 : l'école soumet son programme au Board qui détermine le type d'épreuves et assure la notation.

Mode 3 : l'école définit son programme, élabore les tests, les fait passer, les note. La double correction est assurée parle Board, qui délivre les diplômes.

NB. Le *Mode* choisi ne figure pas sur le diplôme.

Le *Mode* 3 offre un très grand éventail de matières. Le *Mode* 1 offre les mêmes matières que le G.C.E.

Le niveau exigé est le même, quel que soit le *Mode* choisi.

Choisir le *Mode* 3 entraîne pour les professeurs beaucoup de travail non rémunéré, mais leur permet d'adapter l'examen à la nature de leur enseignement.

L'école a, en général, des exemplaires d'épreuves des années précédentes. Consultez-les.

b. Le G.C.E.

Chaque Board public annuellement une brochure qui vous donnera le type d'épreuves et les programmes de l'examen.

Il y a deux sessions: Mai–Juin et Novembre–Décembre ou Janvier.

NB. On semble aller vers une modification des diplômes de fin d'études secondaires (C.S.E. et G.C.E.).

En effet on parle :

- d'effacer la différence entre C.S.E. et G.C.E. (et de les remplacer par un examen unique),
- de donner aux élèves qui restent à l'école (après l'âge légal de fin de scolarité: 16 ans) la possibilité d'obtenir un autre diplôme après le C.S.E. ou le G.C.E., un C.E.E. (*Certificate of Extended Education*),
- d'éviter la spécialisation en *Sixth Form*.

4. Diplômes d'Enseignement Supérieur

Ils peuvent être délivrés soit par une Université, soit par le C.N.A.A. (*Council for National Academic Awards* – établi en 1964.)

Le rôle du C.N.A.A. est de délivrer des diplômes aux étudiants qui ont suivi un enseignement de niveau universitaire ailleurs que dans une université (par exemple, dans un *College of Further Education* ou une *Polytechnic*) Les établissements préparant à ces diplômes sont libres d'organiser le programme des études à leur guise, mais le C.N.A.A. veille à ce que les études soient d'un niveau universitaire.

Diplômes les plus fréquents

B.A. B.Sc.	[bi-ei] [bi:esi]	Bachelor of Arts Bachelor of Science	délivrés après examens, après 3 ou 4 ans d'études en faculté ou Polytechnic ou College of Further Education.
B.Ed.	[bi:ed]	Bachelor of Education	délivré par une université après examens et stages, après 4 ans d'études en College of Education, Polytechnic ou Faculté.
M.A. M.Sc.	[emei] [emesi]	Master of Arts Master of Science	délivrés après examens ou travail de recherche (mémoire), un an ou plus, après B.A. ou B.Sc.
M.Phil.	[em:fil]	Master of Philosophy (même titre pour lettres et et sciences)	délivré après travail de recherche (mémoire/thèse) qui dure en général 2 ans ou plus, après B.A. ou B.Sc.
Ph.D.	[pi:eitsdi]	Doctor of Philosophy (même titre pour letres et sciences).	délivré après important travail de recherche (thèse).

NB. Les B.A., B.Sc. et B.Ed. peuvent s'obtenir à deux niveaux: *Honours* (plus spécialisé) et *General*. Les résultats s'expriment en *classes* (un «First» équivaut à une mention «Très Bien»).

En Ecosse, on appelle M.A. l'équivalent du B.A.

De ces diplômes, seul le B.Ed. donne droit à l'entrée dans l'enseignement. Sans B.Ed., il faut passer le *Post Graduate Certificate in Education* (préparation: 1 an en faculté, ou *College of Education*, avec stage pédagogique).

Document D: l'Organisation de l'Ecole

Year – Form

C'est un groupe d'élèves du même âge.

Les élèves, entrant à 11 ans à l'école, forment la *first year*, ou *first form*, puis, d'année en année, la *second*, *third*, *fourth*, *fifth*, *lower sixth* et *upper sixth form*.

En Ecosse, on dira SI – SII – SIII – SIV – SV – SVI.

Class

Chaque *year* est divisée en un certain nombre de groupes (*class*).
Ex. 100 élèves en *2nd year* = 4 *classes*.

Chaque *class* a un professeur principal (*class teacher*) et une salle de classe.

Modes de groupement

Streaming: les élèves sont groupés en *classes* selon leurs compétences générales, les plus forts ensemble, les moins forts ensemble (groupes de niveau général).

Mixed ability groups: on forme des groupes où sont représentés tous les niveaux de compétence.

Setting: les élèves, dans chaque matière, sont groupés en *sets* selon leur compétence dans ces matières (groupes de niveau-matière).

NB. Le choix du mode de groupement est fonction des options pédagogiques de l'école.

Les élèves entrent dans leur deuxième année d'école secondaire. Les professeurs ont pu évaluer leurs compétances pendant la première année (1st year).

Exemple

2nd year	90 élèves		
	Form 2A	Form 2B	Form 2C
Streaming	30 élèves	30 élèves	30 élèves

2A supérieure, dans toutes les matières, en résultats et en potentiel à 2B, 2B supérieure à 2C etc . . .

Mixed ability groups	30 élèves	30 élèves	30 élèves
	B M D	B M D	B M D

Dans chaque classe, des bons élèves (B) des moyens (M), des défavorisés (D).

Setting	30 élèves	30 élèves	30 élèves

Pour une matière donnée, la Form A regroupe les plus forts, et ainsi de suite.

Ex. John (2A), Michael (2B), Peter (2C) } se retrouvent en français dans le Set 1 (bon niveau).
John, Michael } se retrouvent en latin dans le Set 2 (niveau assez bon).
John, Michael, Peter } se retrouvent en Sciences Naturelles dans le Set 3 (niveau moins bon).

Toute la classe 2A se retrouve en Instruction Religieuse et en Education Physique.

Cas de John:

Math	Français	Latin	Sc. Nat.	Ed. Physique
Set 1	Set 1			
		Set 2		2 A
			Set 3	

Remedial Classes
Cours supplémentaires que suivent les élèves faibles en certaines matières (c'est le cas, par exemple, en anglais pour certains enfants émigrés).

Houses
Il existe dans certaines écoles, une organisation verticale.

Les élèves sont divisés en équipes (*houses*) regroupant tous les âges. Elles prennent souvent toute leur importance dans les compétitions sportives.

Prefects
Dans certaines écoles, élèves de la «Upper Sixth» qui ont des responsabilités spécifiques (discipline), une certaine autorité; ils ont aussi des privilèges.

Assembly
Réunion quotidienne (d'un quart d'heure environ) de tous les élèves et des professeurs, en début de journée, présidée en général par le directeur, son adjoint ou un professeur, au cours de laquelle sont faites des annonces générales touchant la vie de l'école et où sont chantés des cantiques.

Clubs – Extra Curricular Activities
Elles ont lieu après la classe (activites périscolaires).

Elles peuvent être nombreuses et variées: club de géologie, club d'astronomie, travail social, etc.

Y participer, c'est une occasion de mieux connaître les élèves. Proposez votre collaboration au responsable.

Discipline
En cas de problèmes de discipline insurmontables, adressez-vous, au professeur de français, ou au *class teacher* ou, au *senior master/mistress*.

Departments
Il y en a autant dans l'établissement que de matières enseignées. Parfois on ne trouve pas de Section de français, mais une Section de Langues Modernes.

Staffroom

Salle des professeurs, souvent divisée en deux: une partie pour le travail silencieux, l'autre pour la conversation, le thé, cafés. L'emploi du temps général de l'établissement y est affiché. Les élèves n'ont en général pas le droit d'y entrer.

Duties

Elèves et professeurs doivent, à tour de rôle, surveiller la cour de récréation, le réfectoire, les vestiaires. (Vous proposer pour entreprendre quelques *duties* est un moyen de connaître collègues et élèves).

Stationery Office

Renseignez-vous auprès du professeur responsable de la section de français pour savoir si vous pouvez y obtenir gratuitement les fournitures nécessaires à la confection des jeux en particulier (papier, crayons feutre, colle, ciseaux, etc.).

Six day Week

Certains établissements ont un emploi du temps qui se déroule sur 6 jours. Au lieu de parler de lundi, mardi, mercredi, etc. . ., on parle de Day 1, Day 2, Day 3, etc.

Samedi

Entièrement libre, sauf pour les engagements sportifs.

Cours du soir

Votre école peut devenir le soir une école pour adultes (*Open University – Further Education*. Voir *Doc. D*). Si c'est le cas profitez-en pour connaître du monde, inscrivez-vous à un cours de poterie, de menuiserie, de yoga, etc.

Document E: Les Professeurs

Titres et Rôles

Le *Headteacher*: Headmaster/Headmistress. Il/elle dirige l'établissement et établit, en collaboration avec les professeurs, les programmes d'étude en tenant compte des recommandations de la L.E.A., des Associations de parents d'élèves.

Le/La *Deputy Head* (ou le/la Senior Teacher) ont des tâches administratives et d'enseignement.

Une *Head of Department* est un professeur chargé d'organiser et de coordonner l'enseignement dans une discipline. Il enseigne comme les autres.

Les *Assistant Teachers*, appelés aussi Assistant Master/Mistress, ce sont *tous* les autres professeurs. Certains sont des *class – Teachers* (professeur principal).

Un *Part-time Teacher* est un professeur dont l'horaire est réduit.

NB. En général, les écoles à gros effectifs ont un professeur chargé de l'orientation professionnelle des élèves. C'est le/la *Career Master/Mistress.*

Formation et Salaires

La formation des professeurs se fait, en général, dans deux disciplines, en trois ou quartre ans, dans une Université ou dans un *College of Education.*

Cette formation comporte des stages pédagogiques.

Les professeurs doivent exercer un an (deux en Ecosse). dans une école avant d'être reconnus officiellement comme membres du corps enseignant.

Selon la durée des études, et la filière suivie (Université, *College of Education*) on obtient des diplômes différents. Cette différence se marque aussi dans les salaires.

NB. Selon son titre et ses responsabilités, un professeur est payé selon l'un des 5 barèmes (*scale*) nationaux.

Dans chacune des *scales*, l'ancienneté, un diplôme supplémentaire, in diplôme obtenu dans des conditions brillantes, entraînent une augmentation de salaire.

A titre d'exemple: en 1973, en Angleterre, le salaire annuel le moins élevé en *scale* 1, cas d'un professeur débutant, était de £1305 (impôts non déduits), le salaire le plus haut en *scale* 5 était de £3404. *Teachers' Pay and Superannuation, England and Wales*, April 1973. A Londres, les professeurs reçoivent une indemnité annuelle de résidence (£118 en 1974) (*London Allowance*).

Recrutement

La L.E.A. annonce, par voie de presse, le nombre et la nature des postes à pourvoir, dans tel ou tel établissement.

Les candidats sont recrutés, sur diplômes et *après* entrevue individuelle, par le directeur de l'établissement (et un représentant de la L.E.A.).

Les écoles *Direct Grant* et *Independent* publient les postes à pourvoir et recrutent elles-mêmes leurs professeurs.

Emploi du temps

Les professeurs sont tenus à une présence permanente dans leur établissement de 8h55 à 16h00 environ. La journée est divisée en «periods» de 30, 35 ou 40 mns, selon les écoles.

Les professeurs donnent 30 ou 35 cours (*periods*) par semaine, en moyenne.

Ils ont droit à une après-midi de liberté par semaine (leur *afternoon off*).

Ils doivent aussi :
- faire les corrections,
- assumer la responsabilité d'une classe,
- assurer des «duties» pendant les récréations, au réfectoire, etc...
- remplir les bulletins des élèves,
- participer aux activités péri-scolaires,
- encadrer des professeurs stagiaires,
- assister à des réunions de travail de toutes sortes,
- participer à des réunions avec les parents d'élèves.

NB. A Londres, et dans les écoles à gros effectifs, leur journée est très chargée.

En province, vous trouverez des écoles où le rythme de travail laissera davantage de temps au dialogue.

Syndicats

		Revue
N.U.T.	National Union of Teachers	*The Teacher*
A.A.M.	Association of Assistant Mistresses	*The A.A.M. Journal*
A.M.A.	Association of Assistant Masters	*The A.M.A.*
N.A.S.	National Association of Schoolmasters	*The New School Master*
U.W.T.	Union of Women Teachers	*The career Teacher*

Associations professionnelles (Langues Vivantes)

A.V.L.A. (*Audio Visual Language Association*) et M.L.A. (*Modern Language Association*) regroupent des professeurs de langues vivantes dont la majorité enseigne le français.

A.T.S., A.T.R., A.T.G., A.T.I. (*Associations of Teachers of Spanish, Russian, German, Italian.*)

Les associations organisent des colloques, des *workshops* dans les régions.

Elles sont représentées à des réunions du *Schools Council*, de certains *Examination Boards*.

Elles publient des revues: *Audio-Visual Language Journal*, *Modern Languages*, que vous trouverez problablement dans la salle des professeurs. Ces revues ne se limitent pas au français.

Teachers' Centres

Centres de réunions, de colloques, stages de recyclage, etc.

Utilisez-en les ressources: bibliothèque pédagogique, revues (souvent le *Français dans le Monde*, *Passe-partout*. Voir *Fiche Matériel Pédagogique*), matériel de reproduction, ronéo, etc.

Demandez au *Language Adviser* (Voir *Doc. A.*) de vous introduire.

Document F: Le Francais à l'école

Place du français

Il n'y a pas officiellement d'obligation d'étudier une langue vivante à l'école secondaire. (La seule matière obligatoire au Royaume-Uni est l'Instruction Religieuse).

Mais on constate qu'en Angleterre, en tout cas, la grande majorité des élèves (70% en 1972. *Reports on Education* N°75, D.E.S., Novembre 1972) à leur entrée dans le secondaire, apprennent une langue vivante, en général le français.

La tradition, la routine, des contraintes d'emploi du temps, la proportion des professeurs de français en exercice dans les écoles, entrent probablement dans le «choix» que font les élèves parmi le grand nombre de matières que leur propose la *Comprehensive Education*.

A tire indicatif: en 1973–1974, les Assistants se répartissaient comme suit: langue française – 71%, langue allemande – 20%, langue espagnole – 7%, langue italienne – 1%. (Chiffres communiqués par le *Central Bureau for Education Visits and Exchanges*).

Durée des études

Le tableau qui suit vous aidera à visualiser la diversité dans la longueur des études. Il ne donne cependant que quelques exemples possibles du déroulement de l'apprentissage du français.

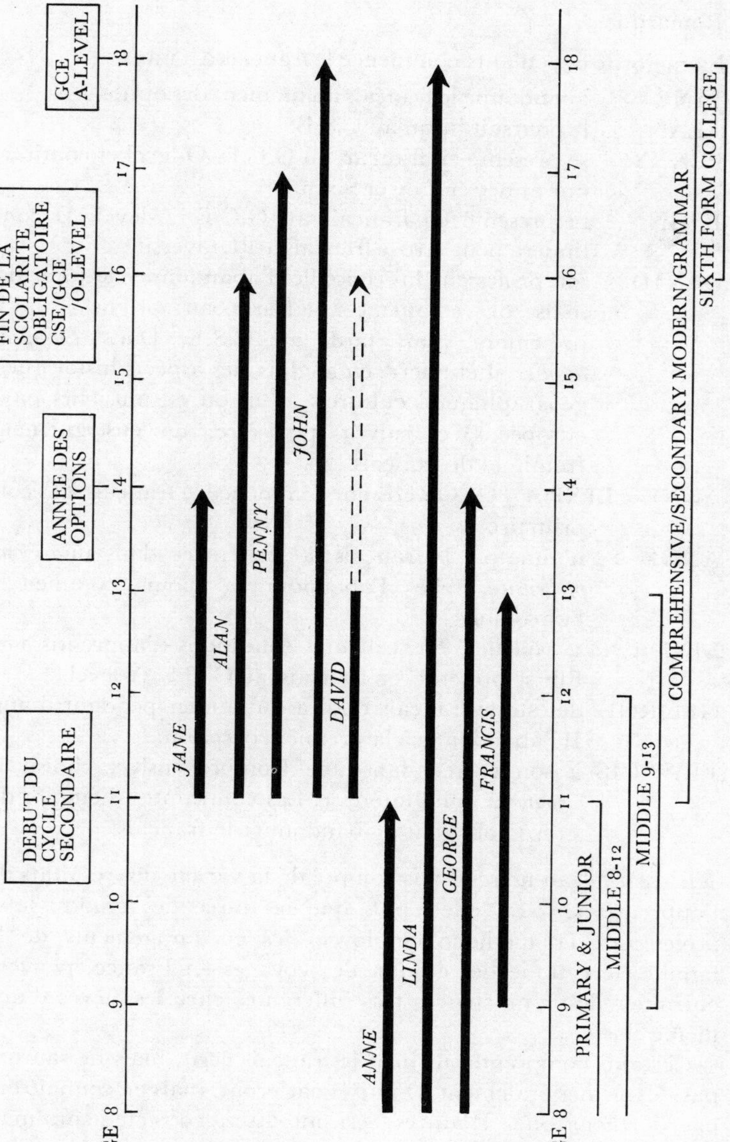

GCE A-LEVEL
FIN DE LA SCOLARITE OBLIGATOIRE CSE/GCE /O-LEVEL
ANNEE DES OPTIONS
DEBUT DU CYCLE SECONDAIRE
AGE 8
9
10
11
12
13
14
15
16
17
18
JANE
ALAN
PENNY
JOHN
DAVID
ANNE
LINDA
GEORGE
FRANCIS
PRIMARY & JUNIOR
MIDDLE 8-12
MIDDLE 9-13
COMPREHENSIVE/SECONDARY MODERN/GRAMMAR
SIXTH FORM COLLEGE

Remarques:

La majorité des enfants commence le français à 11 ans.

JANE	abandonne le français au moment des options.
ALAN	le poursuit jusqu'au C.S.E.
PENNY	se présente en français au G.C.E. O-level et continue une année en Lower Sixth.
JOHN	se présente en français au G.C.E. A-level. Il continuera peut-être le français à l'Université.
DAVID	son professeur lui conseille d'abandonner le français, mais de commencer «European Studies» qu'il présentera, plus tard, au C.S.E. Dans *European Studies*, il étudiera, en anglais, des aspects historiques, géographiques, culturels, d'un ou de plusieurs pays européens, et suivra, peut-être, un enseignement (minime) de français.
ANNE – LINDA – GEORGE	ont commencé le français à l'école primaire.
ANNE	n'aime pas le français: à son entrée dans une *Comprehensive*, elle l'abandonnera pour commencer l'espagnol.
LINDA	a bénéficié d'excellentes conditions d'apprentissage. Elle se présente, en français, au G.C.E. A-level.
GEORGE	déteste le français qu'il a dû étudier pendant 6 ans. Il l'abandonne à la première occasion.
FRANCIS	à son entrée dans une Comprehensive, choisit le *woodwork*, qui l'intéresse. Les contraintes d'emploi du temps l'obligent à abandonner le français.

NB. Le tableau ne rend pas compte de la variété des résultats de l'apprentissage. En effet, plus que la durée des études, le(s) professeurs, la méthode employée, les encouragements de la famille, le rythme des études, des voyages en France, peuvent entraîner des compétences très différentes chez les élèves d'une même classe.

Certains comprendront bien le français écrit, mais ne sauront pas s'exprimer oralement. D'autres parleront, mais ne connaîtront pas l'orthographe. D'autres écriront assez correctement, mais n'auront pas l'habitude de parler, etc.

Programmes – Progression – Horaires

Aucun programme d'études n'est défini au niveau national.

La progression est déterminée par le manuel et le professeur.

Le choix des activités (oral/écrit) par l'objectif de l'examen.

Horaires hebdomadaires moyens:

1st form : 5 periods, soit environ 2h½.
O-level : 5 periods, soit environ 2h½.
A-level : 8 periods, soit environ 4h.

Méthodes

Vous avez probablement entendu parler de la méthode «traditionnelle», de la méthode «directe», de la méthode audio-visuelle.

Voici comment on peut les définir grossièrement:

Méthodes	*Outils*	*Langue*	*Activités Privilégiées*
«traditionnelle»	On met tout de suite un manuel dans la main des elèves.	La langue étudiée n'est pas une langue en situation, mais écrite.	Lecture, traduction (références fréquentes à la langue maternelle).
directe	On part de la situation de la salle de classe. Les elèves ont un manuel, un laboratoire quelquefois.	La langue étudiée est fonction du décor, des objets de la salle de classe, puis du manuel.	Au début: questions/réponses limitées à la situation de la salle de classe. Puis, cette situation épuisée, lecture – traduction.
audio-visuelle	Un support visuel: figurines, film fixe, réprésentant une situation. Voix du professeur ou bande magnétique donnant un dialogue approprié à la situation. Les élèves, au début, n'ont pas de manuel (quelquefois un livre d'images reproduisant les situations). Laboratoire.	La langue étudiée est une langue en situation, c'est-à-dire la langue utilisée oralement par les protagonistes vivant cette situation.	Ecouter, comprendre, parler. Puis progressivement lire et écrire.

Dans la réalité, l'enseignement d'une langue est un *compromise* entre ces méthodes, et d'autres encore, compromis qui est fonction de nombreux éléments :

– options pédagogiques,
– matériel disponible,
– formation (et personnalité) du professeur,
– temps disponible et organisation des horaires,
– nombre d'élèves dans chaque classe, etc.

Manuels

Vous en trouverez une grande variété, dûe en partie au fait que les livres sont gratuits et qu'ils restent la propriété de l'établissement.

Mais, le budget étant limité, la section de français ne peut pas toujours acheter :

– le nombre d'exemplaires nécessaires. (Il arrive que les élèves n'aient pas le droit d'emporter leur manuel chez eux.)
– les manuels récents de son choix. Les professeurs doivent donc quelquefois continuer à utiliser des manuels périmés.

Une enquête réalisée dans 54 établissements du Derbyshire a révélé l'utilisation en 1970 de 46 manuels différents. (*French in Derbyshire, a survey of French Courses in use.* W. Rowlinson et D. J. King, Sheffield University Department of Education. Derbyshire Education Authority, 1972.)

Voici, quelques-uns des manuels cités dans l'enquête :

Longman Audio-Visual French Course,
Pas à pas
Voix et Images de France (VIF) (CREDIF),
Le français d'aujourd'hui,
Manuel B.B.C.,
De jour en jour,
A la page,
On y va,
La langue des Français,
Bon voyage,
Whitmarsh,
Tavor,
Le français moderne,
Nos voisins français,
En Avant
A Votre Avis,
Le français vivant,
Let's Speak French,

Primary French

Certains de vos élèves ont pu commencer le français à l'école primaire.

Le *Primary French* est une expérience amorcée il y a une dizaine d'années dans certaines régions. Voir *Burstall report* 1975.

Manuels généralement utilisés:

- *En Avant* produit avec les ressources de la *Nuffield Foundation*. (La suite, pour le secondaire, *A votre avis*, a été élaborée sous la direction du *Schools Council*.)
- *Bonjour Line* (CREDIF).

Ces deux manuels suivent la méthode audio-visuelle.

Section de Français

Votre école a soit un *Department of French* soit un *Department of Modern Languages*.

Le/la *Head of Department* est responsable du fonctionnement de la Section, de l'administration de son budget, du choix et de la commande de matériel et de livres.

La majorité des professeurs enseigne d'autres matières que le français.

La section de français ou de langues se réunit régulièrement pour débattre des questions matérielles et pédagogiques. Participez à ces réunions. Elles sont importantes.

L'enseignement des langues vivantes

(Questions que l'on se pose à l'échelon national).

L'enseignement des langues vivantes: Quand? Où? Pourquoi?

Des 4 compétences: comprendre la langue orale, comprendre la langue écrite, parler, écrire, laquelle privilégier?

Faut-il réduire la part de l'écrit dans l'apprentissage des élèves les plus faibles?

Les examens. Dans quel sens les réformer?

L'enseignement de «la civilisation». Etudier *en anglais* la «civilisation» des pays d'Europe (*European Studies*)? Lesquels? Cela relève-t-il de l'enseignement des langues?

Le français à l'école primaire. Quelles leçons peut-on tirer de l'expérience?

Quelle pédagogie adopter selon les objectifs et les compétences des élèves?

Comment enseigner les langues dans des classes de *mixed ability* (Voir *Doc. D.* p. 159).

Le travail en groupes (*group-work*) dans l'apprentissage des langues. Comment l'organiser ? etc.

5

Vos Etudes d'Angliciste: Techniques d'Evaluation et de Perfectionnement

Ce chapitre a pour but de vous aider à:
- faire le point de vos compétences en anglais,
- définir vos objectifs linguistiques pendant votre séjour,
- atteindre ces objectifs en vous proposant des techniques d'apprentissage sur le terrain,
- mieux comprendre vos élèves dans la mesure, où, tout comme eux, vous apprenez une langue étrangère.

Faites le point de vos compétences en anglais

Vous allez en Grande-Bretagne pour apprendre à parler l'anglais dans des situations réelles. Comment allez-vous réagir sur le plan personnel autant que linguistique? Avec aisance? En éprouvant de la gêne et des difficultés?

Voici une variété de *situations* où la langue entre en jeu. Pour chacune de ces situations, essayez de répondre à la question: «Est-ce que j'y serais très/assez/peu/pas du tout *à l'aise?*»

Vos réponses vous aideront à mieux comprendre vos besoins donc à définir des objectifs qui répondent à ces besoins.

Comprendre l'anglais parlé

Dans les cas suivants, êtes-vous à l'aise?

	très	assez	peu	pas du tout
1. Les informations à la radio	......	......	......	......
2. Les films anglais ou américains?	......	......	......	......

	très	assez	peu	pas	du	tout
3. Un message au téléphone: votre interlocuteur a un accent:						
a) standard						
b) régional (ex. irlandais)						
4. Un renseignement donné de vive voix, avec un accent:						
a) standard						
b) régional						
5. Une discussion sur un thème qui vous intéresse						
6. Une conversation à bâtons rompus (en anglais standard)						
7. Une personne qui vous prend à partie en public						

Comprendre l'anglais écrit?

	très	assez	peu	pas	du	tout
1. Les faits divers dans un journal						
2. Un roman policier contemporain						
3. Des instructions ou modes d'emploi						
4. Une lettre officielle concernant votre poste ou votre situation légale						
5. L'humour anglais dans:						
a) *Punch*						
b) *Private Eye*						

Vous exprimer oralement

	très	assez	peu	pas	du	tout
1. Demander votre chemin quand vous êtes perdu						
2. Téléphoner à un(e) ami(e) pour fixer un rendez-vous						

	très	assez	peu	pas du tout
3. Téléphoner d'une cabine pour prévenir les pompiers qu'il y a un incendie				
4. Vous avez été témoin d'un accident : pourriez-vous raconter ce que vous avez vu, à la police				
5. Dans l'autobus vous vous apercevez que vous avez oublié votre argent : sauriez-vous expliquer la situation au receveur/contrôleur et le convaincre de votre bonne foi				
6. Raconter une histoire drôle à des Anglais et les faire rire				

Vous exprimer par écrit

	très	assez	peu	pas du tout
1. Lettre de remerciements à la famille d'un(e) élève chez qui vous avez passé un bon week-end				
2. Lettre d'invitation : a) à quelqu'un de haut placé que vous connaissez à peine				
b) à un(e) ami (e)				
3. Vous ne devriez pas payer d'impôts, mais on vous a fait une retenue sur votre traitement : sauriez-vous écrire au fisc une lettre de réclamation ?				

4. Rédiger un télégramme au moindre coût pour dire: «I shall be arriving at London Airport, Heathrow, tomorrow morning 13th May at 10h00 on flight BE 525. Will you please come and meet me. With love from... ....

Maintenant faites un bilan aussi précis que possible de vos compétences.

Où se situent vos difficultés?

	dans la compréhension?	dans la production?
anglais parlé?		
anglais écrit?		

Vos réponses vous permettront de mieux savoir sur quels points faire porter vos efforts.

Définissez vos objectifs en langue

Voici une liste d'objectifs qu'un(e) Assistant(e) pourrait se donner. Soulignez ceux qui répondent le plus à vos besoins.

COMPRENDRE

Langue parlée

1ère étape (3 premiers mois)

- informations radio/télévision
- causeries, conférences
- messages téléphoniques
- conversations des collègues et des élèves
- questions/réponses dans les magasins, bureaux

S'EXPRIMER

- parler un anglais intelligible: prononciation, rythme, intonation, structures et vocabulaire
- dans des situations simples: questions d'information/réponses
- conversation courante

2ème étape	
– élargir l'éventail des situations	– utiliser les béquilles du discours parlé familier : «well, hum, er, you know, I mean, sort of, . . .»
– comprendre d'autres accents que l'anglais standard	– adapter votre anglais à la situation, à l'interlocuteur, au thème
– percevoir les différences de registre : familier, soutenu, formel	– exprimer vos sentiments (surprise, déception, ennui . . .)
– deviner qui parle, à qui, pour quoi, etc, . . . d'après la seule façon de parler	– organiser vos idées dans un discours : préparé, spontané. Apprendre à convaincre.
Langue écrite	
1ère étape (3 premiers mois)	
– message des journaux, lettres, modes d'emploi et instructions diverses, publicité	– écrire correctement et clairement : lettres, notes
– développer vocabulaire concret, pratique (en situation)	– tenir votre «journal» en anglais
2ème étape	
– variété de langue et de styles écrits	– apprendre à écrire dans une plus grande variété de styles : diversifier selon le destinataire.
– comprendre les sous-entendus, présupposés, jeux de mots, etc. . .	– écrire lettres officielles (renseignements, réclamations)

Comment atteindre vos objectifs?
Comment développer vos compétences linguistiques?

Multipliez les occasions d'écouter de parler (**et de lire**)
- écoutez la radio, y compris les émissions d'Open University (Voir *Doc. B.*)
- regardez la télévision,
- allez au cinéma,
- écoutez conférences, discours politiques, sermons,
- demandez à vos collègues professeurs si vous pouvez suivre des cours à l'école (pas seulement langue et littérature anglaises).

Communication face à face:
- parlez à votre logeuse, à vos collègues (ceux qui ne tiennent pas à parler français), à vos élèves (en dehors de la classe, dans les activités périscolaires).
- consultez le *Language Adviser* sur les possibilités de participer à
- des discussions dans les *Teachers' Centres*. (Voir *Doc. E.* p. 162).
- participez aux réunions de la section de français.
- restez dans la salle des professeurs après le thé.
- acceptez toutes les invitations.
- voyez dans quel service social (*Youth Officer – County Hall*) on recherche des volontaires.
- participez aux activités des clubs de votre école.
- dès votre arrivée, renseignez-vous à la *Bibliothèque Municipale* au *Town/County Hall*, sur les cours du soir organisés par votre *Local Education Authority*: menuiserie, céramique, histoire locale, musique et folklore, yoga, mécanique, etc. . . Les frais d'inscription sont minimes et vous êtes assuré d'y rencontrer des Britanniques.
- prenez part à la vie politique. S'il y a des élections, locales ou nationales, vous pouvez faire le porte à porte avec les partis politiques, etc.

Mais pour participer plus pleinement à toutes ces activités, il faut vous exercer à:
- développer votre sensibilité aux multiples variétés de l'anglais, parlé et écrit,

– écouter pour mieux comprendre l'anglais parlé,
– exploiter les ressources de textes oraux et écrits.

Développez votre sensibilité aux variétés de l'Anglais

Chaque fois que vous entendez ou lisez de l'anglais, vous cherchez naturellement à comprendre ce qui est dit. Mais cela ne suffit pas: il faut vous poser des questions sur le contexte, la situation qui déterminent ce qui est dit:

1. *Qui* parle (ou écrit)? Quel est son âge? son pays d'origine? sa classe sociale? sa profession? son niveau d'instruction?
2. *A qui* s'adresse celui qui parle (ou écrit)? (mêmes questions que pour 1).
3. Quelle est l'attitude de celui qui parle (ou écrit)? de celui qui écoute (lit)? Quels sont leurs rôles, leurs intentions, leurs rapports?
   Ces rapports changent-ils au cours de la communication? etc...
4. Quelle est la *situation* de communication? Qu'est-ce qui se passe? *Ou* cela a-t-il lieu? *Quand*? Quels sont les objets, les actions, les gestes?...

L'usage de la langue varie selon la situation et un même message se traduira différemment selon celui qui parle, son interlocuteur, leurs intentions, etc... Par exemple, les cinq messages ci-dessous signifient à peu près la même chose; mais ils sont dits dans cinq situations différentes: pouvez-vous deviner quelles sont ces situations? Lisez les cinq phrases à haute voix et répondez aux questions ci-dessus (1 – 2 – 3 – 4).

'Visitors should make their way immediately to the upper floor by way of the staircase'.
'Visitors should go up the stairs immediately'.
'Would you mind going upstairs rightaway, please?'.
'Time you all went upstairs, now'.
'Up you go, chaps'.

Ces cinq phrases diffèrent par le registre: la première est dite d'une manière impersonnelle et figée, tandis que la dernière est familière et spontanée, elle implique des rapports personnels entre celui qui parle et ses interlocuteurs. Pouvez-vous mettre le doigt sur les marques linguistiques qui caractérisent ces cinq registres?

Pour apprendre à sentir ces différences dans les emplois de la langue selon les situations, tenez un *journal personnel* où vous noterez en anglais vos expériences: qu'est-ce que vous avez entendu ou lu? Quelle est la situation?

A titre d'exemples, voici deux situations que vous pouvez analyser dans ce journal:

Langue parlée et langage gestuel

Faites la liste des personnes avec qui vous avez été en contact pendant une journée ou une semaine dans votre école. Observez-les. Décrivez-les en anglais: *Qui* sont-elles? Professeurs, directeur, élèves, concierge? *Où* se rencontrent-elles d'habitude? Dans la cour, la salle de classe, celle des professeurs? *Quand*? *Que* font-elles quand elles se rencontrent? *Comment* se saluent-elles? *Qu'est-ce* qu'elles se disent? *Comment* parlent-elles, voix, manières, gestes?

Qu'est-ce que ces détails vous apprennent sur ces personnes, leurs rôles, intentions, rapports? etc. . .

Langue écrite: deux façons de rapporter le même événement

Comparez la même information, telle qu'elle est traitée dans deux journaux différents:

a. SMASH AND GRAB GANG SNATCH £1M PAINTING

A painting worth at least £1m was stolen in a week-end smash-and-grab raid on a London stately home. Expert thieves crashed through shutters with a sledge-hammer to get into Kenwood House, a Georgian mansion in Hampstead which the G.L.C. maintains as a public showpiece.

b. £1M VERMEER STOLEN IN LONDON

A painting by Jan Vermeer valued at £1m, was stolen from Kenwood House, Hampstead, London, it was learnt yesterday. Police last night were searching for the seventeenth century painting «The Guitar Player».

Questions

En quoi ces deux reportages sont-ils semblables?

En quoi diffèrent-ils? A quel public chacun est-il adressé? De quel (type de) journal s'agit-il dans (a)? dans (b)?

Quelle importance attache-t-on aux détails dans (a) et (b)? Quels détails? Pourquoi?
Comprenez-vous le sens et les implications des expressions suivantes: «smash-and-grab», «stately home», «it was learnt yesterday». Comparez les deux titres.

Réponses: (a) The Sun, (b) The Times.

Comparez le contenu et le style des manchettes de plusieurs journaux.

NB. Lisez un journal tous les jours. Lisez des romans contemporains. Vous y trouverez des variétés d'anglais. Vous ne les apprécierez que si vous avez d'abord fait l'expérience et l'analyse des emplois de l'anglais dans des situations concrètes.

Voici des romanciers qui évoquent la vie quotidienne contemporaine: Kingsley Amis, Stan Barstow, John Braine, Anthony Burgess, Cooper, Elaine Dunday, William Golding, Paul Jenning, Pamela Hansford Johnson, Doris Lessing, Penelope Mortimer, Iris Murdoch, V. S. Naipaul, Edna O'Brien, Alan Sillitoe, C. P. Snow, David Storey, Muriel Spark, Evelyn Waugh, Keith Waterhouse, Angus Wilson, Margaret Drabble.

NB. Si vous voulez évaluer votre compétence dans le domaine des variétés de langue, faites le test n°I, Appendice I.

Si vous voulez tester vos réactions aux gestes et habitudes, faites le test n°II, p 189.

Ecoutez les Anglais parler

(Il s'agit seulement ici de l'anglais standard.)

Ce qui suit est aussi valable pour améliorer votre prononciation.

La clé de l'écoute, et donc de la compréhension, est dans:

- l'*accentuation* des mots,
- le *rythme* de la phrase,
- l'*intonation* de la phrase.

1. *L'accentuation*

Quand on prononce un mot (de plus d'une syllabe) en anglais, une syllabe est accentuée, c'est-à-dire dite avec plus de force que les autres qui sont affaiblies.

Ex. ciga*RETTE*, im*POR*tant, *IN*tresting.

Prononcez-les tout haut, en insistant sur *RETTE*, *POR*, *IN* et en réduisant les autres syllabes (il n'y a que deux sons vocaliques inaccentués dans ces 3 mots: i bref et e neutre: c*i*-g*a*-*i*m-t*a*nt tr*e*st-*i*ng.

Prononcez maintenant ces mêmes mots en français.

Qu'est-ce que vous remarquez? Ils sont tous accentués sur la dernière syllabe: ciga*RETTE*, impor*TANT*, intéres*SANT*, comme tous les mots en français.

De plus contrairement à l'anglais, les voyelles inaccentuées ne sont pas réduites: *i*, *a*, *im*, *o*, *in*, *é*, *è*.

2. *Le rythme de la phrase*

Ce qui vient d'être dit à propos du mot est valable pour la phrase. Voici une phrase de 12 syllabes:

'I *WON*der if I should *TE*lephone *ED*inburgh!'

Il y a trois *temps forts* qui correspondent à la syllabe accentuée des trois mots importants pour le sens: WONder, TElephone, EDinburgh.

Dites d'abord les trois *syllabes accentuées* en battant le rythme régulièrement, comme un métronome: *WON*, *TEL*, *ED*.

Ensuite dites les 3 *mots*, en battant le rythme de façon régulière: WONder TELphone EDinburgh.

Enfin dites la *phrase* entière:

I /*WON*der if I should /*TEL*ephone /*ED* inburgh en insistant sur les 3 temps forts, et en gardant le même rythme régulier.

NB. Les temps forts reviennent à intervalles réguliers, c'est-à-dire que la durée est la même d'un temps fort à un autre, quel que soit le nombre des syllabes. Cela veut dire que, plus il y a de syllabes inaccentuées entre les temps forts, plus elles sont télescopées. En français, au contraire, les syllabes inaccentuées ne sont ni affaiblies ni télescopées; la durée d'un intervalle (groupe de sens) varie selon le nombre de syllabes:

/ Je m'de*MAND*' / si j'dois télépho*NER* / à Edim*BOURG* /
1 2 3 1 2 3 4 5 6 1 2 3 4

(Voir *Fiche Phonétique*.)

3. *L'intonation*

L'intonation, ou variations de hauteur de la voix qui donnent à la phrase sa mélodie (caractéristique), sert à distinguer différents

types de phrases: déclarative, interrogative, etc. . . La même phrase sera interprétée comme déclarative si la voix retombe, comme interrogative si la voix monte. Mais, en anglais, l'intonation sert aussi à *mettre en relief* un mot (une idée) dans la phrase.
Ex. I *WON*der if I should *TEL*ephone *E*dinburgh.

Normalement, la voix retombe sur la dernière syllabe accentuée de la phrase: EDinburgh. Mais si celui qui parle veut mettre en relief un mot de la phrase, c'est sur la syllabe accentée de ce mot qu'il laisse retomber la voix.

I *WON*der if I should . . .	(accent sur le doute, l'hésitation)
I *WON*der if *I* should . . .	(moi ou quelqu'un d'autre?)
I *WON*der if I *SHOULD* . . .	(est-ce bien la chose à faire?)
. . . I should *TEL*ephone . . .	(plutôt que d'écrire)
. . . TELphone *ED*inburgh . . .	(ou Glasgow?)

Ce déplacement de l'accent intonatif est capital pour qui veut comprendre les nuances de sens de l'anglais parlé, et donc communiquer avec précision sa pensée et ses sentiments. Si on vous demande: «Did you see the accident?» et que n'ayez rien vu, vous direz: «*I* didn't, but *HE* did!» en indiquant que votre voisin en a été témoin. Ne pas mettre l'accent sur *I* et *HE* dans cette situation, c'est rendre la phrase inintelligible ou lui donner un autre sens.

Exercices d'écoute

Enregistrez un bulletin d'information (à cause des régularités de rythme et d'intonation, plus tard, vous passerez à des conversations).

Ecoutez une première fois pour saisir le sens, et ré-écoutez *une unité* d'information à la fois.
Ex. 'Ninety students were arrested by the police on the campus yesterday'.

1. Concentrez-vous sur un point de prononciation à la fois, les syllabes accentuées, ou l'intonation, ou un son particulier par exemple. Notez ces syllabes accentuées sur le papier (en majuscles ou en transcription phonétique).

Ecoutez à nouveau en répétant les syllabes accentuées seulement et en respectant bien le rythme.

Ex. '*NINE*(ty) *STU*(dents were ar)*REST*(ed by the po)*LICE* (on the) *CAM*(pus) *YES*(terday)'.

Battez ce rythme avec le doigt.

Ecoutez encore et répétez en suivant votre transcription sur le papier. Enfin, transcrivez l'unité d'information en entier et lisez-la à haute voix en vous concentrant sur le rythme etc. . .

2. Ecoute et répétition simultanées: après une ou deux écoutes de l'unité d'information, vous réécoutez en répétant une fraction de seconde après,

Ex. (enregistrement) *NINE*ty *STU*dents were ar*REST*ed by the po*LICE* . . . (vous) *NINE*ty *STU*dents were ar*REST*ed by . . .

En anglais cet exercice s'appelle «shadowing»: laissez-vous entraîner dans le sillage de la voix de celui qui parle en vous concentrant sur les temps forts (syllabes accentuées).

Rappelez-vous: *l'écoute* est la clé de la compréhension et de la prononciation.

Exploitation d'un texte parlé ou écrit

C'est en analysant, en utilisant toutes les ressources linguistiques de textes (écrits/oraux) que l'on développe ses compétences (écrit/oral – écouter/parler).

Un texte, ça peut être: une phrase, un récit, une conversation, un discours.

Exercices intensifs sur des textes courts

Partez d'un texte court (100 à 500 mots ou 2 minutes environ), par exemple un récit enregistré au magnétophone (ou sur votre récepteur-enregistreur.

1. Ecoute. Ecoutez le texte plusieurs fois.

2. Exploration du sens. A chaque écoute posez-vous les questions suivantes en anglais: «Who is the story about? What is he/she like? Where and when are the events taking place? What is happening? From whose point of view are the events, people, etc. described? (Voir *Exploitation d'un Texte oral.*)

3. Re-création du texte. Posez-vous toutes les questions possible à propos du texte. Retrouvez tous les éléments d'information qui s'y trouvent. Puis re-créez-le phrase par phrase, dans son

entier, dans votre tête d'abord, sur le papier ensuite. Comparez votre texte à l'original. Il ne s'agit pas d'un exercice de mémorisation : vous essayez de re-créer le texte en vous posant des questions.

4. Exploitation. Soit la phrase :

'Mary had been playing in the street for two hours when she was knocked down by a car.'

N.B. Une phrase est un *modèle*, un type de langue, en situation. Sur ce modèle, construisez vous-même un grand nombre d'autres phrases à l'aide de questions, substitutions, expansions et transformations.

a. Questions

Une phrase est une «réponse» à des questions (implicites ou explicites). Répondez aux questions suivantes en vous référant à la phrase ci-dessus : '*What* happened ? *Who* was knocked down by a car ? *Where* had Mary been playing ? *How long* had she been playing when she was knocked down ?' etc. . .

Posez d'autres questions dont la phrase ou des éléments de cette phrase sont des réponses.

b. Substitutions

Vous pouvez construire d'autres phrases sur le modèle de celle-ci :

Mary	had been	playing	in the street	for two hours . . .
John	had been	working	in the garden	since 9 o'clock . . .
etc. . .		etc. . .	etc. . .	etc. . .

Faites vous-même des substitutions en remplissant les colonnes.

c. Expansions

Vous pouvez rendre la phrase plus complexe :

'Mary, the daughter of Mr. and Mrs. Poppins, who live at 10, Park Road, Torquay, had been playing in the street for two hours yesterday morning, when all of a sudden she was knocked down by a passing car.'

NB. Vous n'avez pas du tout changé la structure de base de la phrase 'Mary had been playing when she was knocked down', vous l'avez seulement développée.

Faites d'autres phrases par expansion, c'est-à-dire en ajoutant d'autres éléments à cette phrase-type. (La phrase simple devient une phrase de plus en plus complexe.)

Attention aux restrictions grammaticales et lexicales. Vérifiez si vos expansions sont possibles.

d. Transformations

Vous pouvez transformer la structure de base, sans toutefois modifier le sens.

Ex.

'Mary, who had been playing . . ., was knocked down . . .'
'After she had been playing . . ., Mary was knocked . . .'

Faites d'autres transformations sur cette phrase.

Voici maintenant deux événements exprimés par *deux* phrases séparées: 'The lights went red. The car did not stop.' Faites *une seule* phrase qui montre le rapport entre ces deux événements. Ensuite reformulez cette nouvelle phrase à l'aide de transformations.

NB. Il vaut mieux:

1. Vérifier si vos phrases sont possibles en anglais en demandant à vos collègues, vos élèves. . .
2. Savoir que certaines tournures sont plus fréquentes que d'autres.
3. Ne pas faire ces exercices de façon mécanique:
– imaginez la situation,
– imitez la phrase-type avec son rythme et son intonation.
4. Ne pas se décourager devant le caractère modeste de ces exercices. Ils sont payants.

Etude du milieu

Toutes ces activités proprement linguistiques, essayez de les intégrer à une recherche concrète et personnelle. Choisissez un thème d'étude, par exemple le planning familial dans votre ville, dans votre quartier: historique, organisation, financement, profil des responsables, profil des utilisateurs, différentes méthodes, diffusion de l'information, gratuité, problèmes nationaux vécus à l'échelon régional, etc. . .

Ces recherches vous permettront de travailler à deux niveaux:

a. la langue

– la langue écrite: vous allez d'abord vous documenter sur la question en lisant,
– la langue orale: vous allez prévoir des questions que vous poserez à vos interlocuteurs, comme on le fait dans les sondages, les enquêtes. Vous enregistrerez ces conversations. Vous

choisirez une ou deux minutes de ces enregistrements, vous les étudierez minutieusement (variétés d'anglais, rythme, intonation, etc. . .)

b. le contenu

Vous analyserez le contenu des enregistrements. Vous le mettrez en rapport avec les informations que vous aviez déjà, pour en dégager la conformité et l'originalité.

NB. Ce travail exige:

- l'habitude du magnétophone,
- un travail préparatoire important (lectures, recherches d'interlocuteurs, prévision du but exact de l'interview, c'est-à-dire des questions à poser, etc. . .),
- l'acquisition d'une certaine aisance dans les contacts personnels,
- un travail de réécoute, de dépouillement, d'analyse et une réflexion sur les résultats obtenus.

Remarque sur le vocabulaire

On croit trop souvent qu'apprendre une langue, c'est apprendre du vocabulaire. Le vocabulaire ne prend son sens que s'il est intégré à des phrases en contexte. Il y a deux sortes de vocabulaire:

1. *Vocabulaire actif*

C'est celui dont vous avez besoin quand vous parlez ou écrivez. Utilisez-le dans des phrases, comme vous le fait faire le TEST III, p.189

2. *Vocabulaire passif*

C'est celui que vous n'avez pas normalement l'occasion d'employer, mais que vous devez comprendre à la lecture. Pour développer votre vocabulaire passif, il faut écouter la radio, lire les journaux et des romans contemporains.

Si vous voulez évaluer l'étendue de votre vocabulaire passif, faites le TEST IV, p.190

APPENDICE 1

Tests de vos compétences en langue et en civilisation

Ces tests ont été construits autant pour attirer votre attention sur des problèmes importants en anglais que pour vous permettre de mesurer vous-même vos réactions et le degré de vos compétences. Chaque test renvoie à des sections de ce chapitre.

Test I: Compréhension de l'anglais en situation

Voici 10 phrases ou expressions. Pour chacune d'elles, posez-vous les 5 questions suivantes:

Qui? – Parle/Ecrit? – A Qui? – De Quoi? – Dans Quelle Situation?

Ex. «Fares, please!»

receveur – demande – aux voyageurs – de payer leur place – autobus)

1. 'Black or white?'
2. 'All change.'
3. 'Will you hold on, please?'
4. 'The little old car had been made a long time ago. He was forty years old.'
5. 'Liverpool Tea Breaks Strike Leader Under Fire.'
6. 'Now we're going to think particularly about relaxing hands and arms and shoulders.'
7. 'Young guy with wheels and country pad seeks curvy chick with view living in.'
8. (Dans les 3 énoncés qui suivent, c'est la même personne qui s'exprime):
   'Of course. I'll go round and see Mr Jones straightaway. I'll report to you personally as soon as I know. Good afternoon.'
9. 'Well, I s'pose I could drop in on the way home. Means I'd be a bit late though. What's the address? You're quite sure that's where he lives? Bye for now.'
10. 'Not at all. It'll be a pleasure. Let you know as soon as I've got it fixed with Trent. O.K Cheerio!'

Vérifiez vos réponses p.192.

Test II: Expérience des gestes et habitudes

Répondez aux questions suivantes:

1. Vous prenez un verre dans un «pub». Est-ce que vous donnez un pourboire?

2. Vous êtes invité(e) à passer un week-end dans la famille d'un(e) ami(e). On vous laisse seule pendant quelques heures. Trouvez-vous cela normal?

3. Nommez au moins trois personnes à qui on donne généralement un pourboire comme cadeau à Noël.

4. Quelqu'un fait des travaux dans une maison. Est-ce qu'on lui offre à boire? Si oui, quoi?

5. Qu'est-ce que vous dites et qu'est-ce que vous faites quand on vous présente pour la première fois à quelqu'un qui vous dit: 'How d'you do?'

6. A-t-on le droit d'exiger d'un citoyen britannique qu'il montre sa carte d'identité? d'un(e) Français(e) résidant provisoirement en Grande-Bretagne?

Vérifiez, auprès de votre entourage, si vous ne faites pas d'erreur.

Test III: Vocabulaire actif

Répondez à chaque question et vérifiez après coup p. 192.

1. Voici 4 phrases à trous: quel est le mot omis dans chaque phrase (il s'agit du même mot)?

We'll give you another . . .
Let's . . . it!
It's the . . . of a lifetime.
You must not leave it to . . .
Vérifiez p. 193.

2. Quel est le mot qui répond aux définitions suivantes?

with petals expanded
ready to do business
not covered over
not settled
Vérifiez p. 192

3. Employez le mot défini à 2 dans de petites phrases qui illustrent chacun des 4 sens. Vérifiez p. 193.

4. Voici 5 gros titres de journaux qui jouent sur des mots. Quel sont ces mots?

Ex. 'Judge acts to save theatre': *acts*, (1) takes action, (2) acts in a play.

Money crises: Ted calls for change. (a)
Our women athletes lick male sportsmen. (b)
Hundreds use our services: they know no better. (c)
General flies back to front. (d)
Policeman ordered to stop drinking after midnight. (e)

Vérifiez vos réponses p. 193. Totalisez vos points.

Test IV: Vocabulaire de lecture

(adapté de H. Diack: Standard Literacy Tests – 1973)

Quand vous lisez, vous comprenez certains mots nouveaux d'après le contexte. Vous connaissez donc nécessairement plus de mots que vous ne pensez. Mais ce vocabulaire est surtout passif: vous ne vous en servez pas pour parler ou écrire.

Ce test vous permettra d'évaluer l'étendue de votre vocabulaire passif mais hors contexte. Il contient 60 mots répartis dans six colonnes de 10 mots. Ces colonnes indiquent les divers niveaux de connaissance, allant d'un vocabulaire passif de 5000/6000 mots pour le niveau 1 à plus de 30000 mots pour le niveau 6.

Marche à suivre

1. Lisez les mots dans l'ordre d'appel. Pour chaque mot posez-vous la question: est-ce que je le connais ou non? (pour m'en assurer, est-ce que je peux le définir ou l'employer dans une phrase? Vérifiez dans un dictionnaire complet. *Ex.* Oxford ou Penguin).
2. Quand vous ignorez un mot, soulignez-le et passez au suivant. Quand vous aurez souligné 10 mots, arrêtez-vous. Comptez le nombre de mots que vous avez compris. Multipliez le résultat par 600.
3. Comparez vos résultats avec ceux obtenus en moyenne par des lecteurs anglais anglais:

20 mots (vocabulaire de 12000 mots): lecteur moyen.
30 mots (vocabulaire de 18000 mots): étudiant en première année d'université.

Si vous n'obtenez pas au moins 20 mots, vous avez besoin de faire beaucoup de lectures.

Niveau 1	*Niveau* 2	*Niveau* 3	*Niveau* 4	*Niveau* 5	*Niveau* 6
abroad	abandon	abridge	abhorrent	abscissa	aboulia
binoculars	ballot	aggregate	crustacean	badinage	bicuspid
daily	chaos	bivouac	declivity	cartel	caracole
expedition	contraband	chronology	emaciated	daemon	chalybeate
horizon	exacuate	credulous	fabrication	exordium	croton
jangle	fatigue	hireling	galaxy	inchoate	dunt
limit	laboratory	indolent	heretical	moraine	gazebo
pattern	manual	nomadic	igneous	rubric	kymograph
rate	purchase	occidental	amorphous	dendrite	ortolan
stroke	shuttle	meagre	nomenclature	soutane	quadrat

NB. Vous remarquerez la fréquence des mots d'origine latine et française. A cause de cela, vos résultats sont peut-être assez bons.

APPENDICE II

Réponses aux questions du Test I: Compréhension de l'anglais en situation

Qui	*Parle ou Ecrit?*	*A Qui?*	*De Quoi?*	*Situation?*
1. homme/femme	demande	à homme/femme	s'il/elle veut son café noir ou avec du lait	maison/café/restaurant
2. voix homme ou femme	informe (haut-parleur)	voyageurs	qu'ils doivent descendre du train ou métro	gare/station de métro
3. homme/femme	demande	à homme/femme	de ne pas quitter	au téléphone
4. femme/homme	lit à haute voix	à des enfants	un conte au sujet d'une vieille auto	maison/école
5. rédacteur	écrit	lecteurs	meneur de grève attaqué pour son action	manchette journal
6. moniteur/monitrice	donne instructions	élèves/auditeurs	sur la facon de se décontracter	salle de gymnastique/studio radio
7. jeune homme «dans le vent»	cherche	jeune fille «dans le vent»	pour vivre ensemble	annonce de journal
8. employé(e)	promet	à son supérieur	de contacter Mr. Jones	téléphone
9. mari/femme	promet	femme/mari	de passer chez quelqu'un avant de rentrer	téléphone
10. employé	dit	collègue	qu'il est heureux de lui rendre service	téléphone

1 point par réponse correcte.

5 points par phrase comprise correctement.

Quels sont vos résultats? Si vous n'avez pas obtenu au moins 25 points, faites les exercices recommandés pp 179-180.

Réponse aux questions du Test III: Vocabulaire actif

		Points
1.	chance	1
2.	open	1
3.	(réponses possibles):	
	a. the flowers are open	2
	b. the shop is open	2
	c. in the open air	2
	d. the question is still open	2
4.	a. *money, change:*	
	(i) transformation	
	(ii) small change	2
	b. *lick:*	
	(i) pass their tongues over	
	(ii) defeat (colloquial)	2
	c. *know no better:*	
	(i) know no better services	
	(ii) are no wise	2
	d. *back to front:*	
	(i) back to the front-line	
	(ii) «sens devant derrière»	2
	e. *ordered to stop drinking:*	
	(i) Policeman was drinking, he was ordered to stop.	
	(ii) Others were drinking, he was ordered to stop them.	
	(iii) Idem, he ordered them to stop drinking.	2 (+1)
	point supplémentaire si vous avez trouvé 3 sens)	
	Total: . . .	20 +1

Quels sont vos résultats? Si vous avez moins de 10 points vous avez besoin de faire des exploitations de textes courts et des études intensives de vocabulaire.

6 Vivre à l'étranger: Une Année au Royaume-Uni

La première chose qui vous préoccupe, c'est probablement *votre logement*. En principe, l'école vous proposera une adresse et s'attendra à ce que cette adresse vous convienne.

A vous de poser aux propriétaires les questions qui vous semblent importantes (possibilité de recevoir des visites, par exemple).

En ce qui concerne *votre salaire*, sachez qu'aucune avance n'est accordée. Apportez donc assez d'argent pour vivre le premier mois.

Si on retient, par erreur, des impôts sur votre traitement, parlez-en à l'administration de l'école.

Rappelez-vous qu'un professeur débutant (à plein temps) souvent ne gagne pas plus que vous. (Voir *Doc. E.*) Ces détails matériels sont importants, mais ils ne sont pas l'essentiel. Ce qui compte, c'est la façon dont vous allez *vivre*, *de l'intérieur*, votre séjour au Royaume-Uni.

Vous allez peut-être ressentir et donc vivre *un paradoxe :*

– vous devez vous insérer dans un cadre donné, l'école,
– vous faites un travail nouveau: contribuer à l'enseignement du français, langue étrangère, et vous devez préparer vos cours,
– ce qu'on vous demande pendant 12 heures par semaine, c'est de produire et faire produire du français :révéler votre identité de francophone.

Mais le niveau de langue (un français tronqué – limité) et le matériel (des petits jeux) que vous allez utiliser avec vos élèves vous donneront l'impression d'une régression, d'une aliénation (faire un peu le pantin douze heures par semaine).

On vous recherchera peut-être parce que vous êtes francophone (cercles français – groupes de francophiles, etc.). Vous allez vous rendre compte que, bien que vous ne vouliez pas verser dans le mythe «France – nombril du monde», vous serez quelquefois obligé de vous comporter en individu différent (au milieu des anglophones).

Cette différence vous obligera, pour vos interlocuteurs, à retourner à vos attaches (enfance – éducation – région, etc. . .), mais vous freinera (vous bloquera peut-être) dans la découverte autonome, aventureuse, spontanée, du milieu anglais.

Vous sentez aussi que pour faire cette découverte, vous devez mettre en sommeil certaines réactions (prises de position – jugements – classifications. . .) qui se justifiaient dans le contexte français qui vous était familier.

Vous sentez que les Anglais sont pareils à vous, et pourtant différents, mais qu'en même temps, vous n'êtes pas dans un zoo.

Ce milieu anglais, vous ne l'appréhenderez, peut-être, d'ailleurs, qu'avec des moyens linguistiques limités, qui vous empêcheront d'être de plain pied avec vos interlocuteurs, qui vous feront vivre quelque temps dans un brouillard de signes que vous ne décoderez pas entièrement.

Vous vous êtes éloigné/e de votre famille: soulagement de voir s'éloigner aussi les contraintes de toutes sortes. Mais, en même temps, vous avez quitté vos amis.

Si vous poursuivez vos études, c'est sur le terrain, avec la sensation de vraie réalité que cela donne. Mais vous gardez des liens avec votre université. Il y a les examens. Vous sentez les contradictions entre votre expérience linguistique quotidienne et l'épreuve écrite de quelques heures que vous allez passer.

Il s'agit là de *contradictions objectives*. Elles n'en risquent pas moins d'entraîner des moments de *tension*, de *dépression*.

Il suffira quelquefois, pour les éviter, ou en sortir rapidement, de prendre le temps de réfléchir et de faire le point.

A titre indicatif, voyez plus loin, *Appendice* I le type de réactions que vous pouvez avoir dans des situations concrètes. Demandez-vous si ce ne sont pas des manifestations de rejet, ou en tout cas, des stratégies de fuite.

A ces contradictions objectives, s'ajoutent aussi vos *contradictions internes*, peut-être suractivées par le changement de milieu et par le côté transitoire de votre séjour au Royaume-Uni: vous attendez certaines choses de la vie, et vous vous sentez plus ou moins frustré(e), vous êtes angoissé(e) par l'insécurité de votre avenir, par l'absence de débouchés. Vous éprouvez peut-être des difficultés à établir des contacts avec les autres, à trouver un comportement satisfaisant, à équilibrer travail et détente . . .

Rien de tout cela n'est anormal. Le drame serait de ne pas voir ces contradictions, de les oblitérer, mais en même temps, de se sentir en perpétuel porte-à-faux, mal dans sa peau sans savoir pourquoi.

C'est sans doute plus facile de vivre superficiellement que de chercher à établir des rapports où l'on se sente engagé.

En somme:
– être coupé de votre routine familiale, amicale, universitaire,
– être en contact avec d'autres gens, une autre civilisation,
– avoir une activité professionnelle,
tout cela va provoquer en vous des réactions nouvelles.
Vous avez presque un an pour les analyser, pour vous poser des questions sur vous-même et sur les autres, pour essayer de mieux *vous* connaître et de mieux connaître *les autres*.

Il n'y a pas, *une* réalité anglaise/*une* réalité française, définies une fois pour toutes. Elles sont toutes les deux complexes et en évolution.

S'il y a des différences entre les deux, elles sont ressenties différemment par chaque individu.
Votre connaissance de la réalité anglaise dépendra de:
– votre prise de conscience de vous-même,
– la nature de vos rapports avec votre milieu d'origine (familial, social, régional, . . .)
– la réalité française que vous portez en vous (sa complexité, sa diversité et peut-être votre remise en question, votre relativisation. Voyez la *Fiche Civilisation*).
Malgré tout, saisir la réalité anglaise sera difficile. Il faudra:
– avoir une attitude d'humilité intellectuelle,
– ne pas plaquer sur la réalité anglaise des schémas français,
– ne pas généraliser trop vite, donc ne pas condamner,
– ne pas faire de la réalité française la «norme», c'est à dire
– ne pas établir une hiérarchie des valeurs.

En somme: être assistant au Royaume-Uni, c'est beaucoup plus que de «faire de la conversation» pendant douze heures par semaine pour £1.035, c'est avoir l'occasion, assez rare finalement, d'établir de nouveaux rapports avec soi et avec les autres, et d'avoir le temps de les analyser.

C'est une étape essentielle vers *la lucidité, l'autonomie, la responsabilité et la disponibilité.*

APPENDICE 1

Fin Septembre

Vous attendez impatiemment votre jour de congé pour voir d'autres francophones.	Vous êtes en train de créer un microcosme français.
Vous n'allez voir que des films français.	Vous vous mettez en dehors.
	Vous vous coupez des Anglais, de leur monde.
Vous ne lisez que des journaux français.	*Il faut changer.*
Vous n'écoutez que la radio française.	

Novembre

Vous ne savez pas où se trouvent les librairies de votre ville.	
Vous n'êtes pas inscrit/e à la bibliothèque municipale.	Faites-le tout de suite.
Vous hésitez à vous servir du téléphone.	Téléphonez au cinéma le plus proche pour savoir l'heure de la prochaine séance.
A l'école, vous évitez tout contact avec d'autres personnes que les professeurs de français.	*Il y a en vous des resistances à dominer, si vous voulez, profiter au maximum de votre séjour.*
Vous avez très envie de rentrer en France.	
Vous n'êtes pas encore allé/e au Teachers' Centre le plus proche.	

Décembre

Vous n'avez pas envie de visiter les environs de votre ville.	*Vous êtes mal parti, mais vous pouvez encore tout rattraper.*
Vous vous faites expédier de France vos produits pharmaceutiques, ou vos produits de beauté.	
Vous n'êtes jamais allé/e au pub.	

Janvier

Pour votre C2, vous choisissez "L'embauche des Indiens à Chicago de 1873 à 1875", parce qu'il y a des livres là-dessus.

Vous ne tirez pas de votre séjour l'enrichissement souhaitable.

En UV de Civilisation, vous avez "L'Education en Grande-Bretagne", et vous vous inquiétez de savoir ce que votre professeur de Toulouse ou d'ailleurs a écrit à ce sujet dans les polycopiés.

Vous hésitez à poser des questions, à regarder autour de vous.

Vous êtes dans une impasse, faites demi-tour.

Vous ne pouvez pas citer le nom de 3 personnalités politiques marquantes.

Vous ne pouvez pas citer deux journaux underground, deux journaux de droite, deux journaux gauchistes.

Vous n'êtes pas intégré/e du tout. La réalité anglaise vous échappe.

3 émissions de radio que vous aimez.

Il est urgent de faire quelquechose.

2 émissions de télévision qui vous intéressent.

Vous rentrez de France. Vous êtes triste, déprimé. Les Anglais ne font plus tellement attention à vous. Vous parlez moins bien que vous ne l'imaginiez.

Consolez-vous en vous disant que vous êtes presque tous dans le même cas. Simplement, ne faites pas supporter votre dépression passagère à vos élèves ("Je ne peux rien en tirer.")

APPENDICE 11

Correspondance:

– A quelqu'un que vous ne connaissez pas:
  Dear Sir/Dear Madam (Vous ne connaissez que le titre)
  Yours faithfully, . . .
  Dear Mr. X . . ./Dear Mrs. X . . .
  Yours sincerely, . . .
– A quelqu'un que vous connaissez:
  Dear Sir/Dear Madam
  Yours sincerely, . . .

Exemples:

1. The Language Adviser
Education Department
County Hall
X. . . .
Dear Sir/Madam,
I have recently taken up my post as one of this year's French Assistants at X. . . School, X. . . .
I understand that some meetings or activities may be organised for Assistants here, and am writing to ask to be included on the mailing list.
I look forward to meeting you.
Yours faithfully,
(Mme) J. Dubois.

2. Dear Sir,
Please find enclosed, duly completed, the form you sent me to fill in, together with my passport.
I would be grateful if you would return the latter as soon as possible.
Yours faithfully,

3. Mme J. Dubois
Thanks Mr. & Mrs. Smith for their kind invitation to a buffet supper, bonfire and dance, on November 5th, and is delighted to accept.

4. Dear X . . .
I am having an informal bring-a-bottle drink-and-dance party on April 1st, at my landlady's house (address above). I should be delighted if you could join us, and bring a friend. (9.00 p.m. to midnight).
Yours,

5. Dear X . . . ,
Many thanks for your invitation for April 1st. I should certainly have come along, but will unfortunately be away that week.
I'm sorry.
Yours,

Adresses utiles

Ambassade de France. Service Culturel, 22 Wilton Crescent, Londres, SW1.

B.B.C. (*British Broadcasting Corporation*) Further Education Radio, Langham, Londres W1A 1AA. (Pour renseignements sur cours de langue, émissions télévisées).

B.B.C. Publications 35 Marylebone High Street, Londres W1.

Blocs Pédagogiques

a. Angleterre et Pays de Galles

Ambassade de France, Service Culturel, *Londres* (voir plus haut).

Consulat de France, 129 Queen Street Cardiff.

Consultat Général de France, Cunard Bldg. Pier Head, *Liverpool* 3.

Maison française, Northam Rd, Oxford.

French Department, The University, P.O. Box 363, Birmingham, 15.

c/o A. Maes, Esq. Agent Consulaire, 14 Mill Street, Bradford.

Department of French, The University, Bristol BS8 1TH.

c/o M. Ginestier. French Department, The University, Hull.

c/o Mlle M. L. Thyss, French Department, The University, Leeds LS2 9JT.

c/o S. J. Larkin, Esq. Department of French Studies, University of Newcastle, Claremont Bridge, Claremont Rd, Newcastle upon Tyne.

c/o S. Taylor, Esq. Department of Education, The University, Reading.

b. Ecosse

Institut Français d'Ecosse, 13 Randolph Crescent, Edimbourg EH3 7TX

Délégation Culturelle, 5 Kensington Rd, Kirkee, Glasgow W2.

French Dept, The University, Aberdeen, 1B9 1AS.

c. Irlande du Nord

Consultat de France, 14 Wellington Park, Belfast 9.

d. Jersey
Consultat de France, 2 Westaway Chambers, 39 Don Street, Saint-Hélier.

B.E.L.C. (Bureau pour l'étude de la langue et la civilisation francaises). 9 rue Lhomond, Paris 5. Tél. 707 42 73.

Bordas 24–26 Bd de l'Hôpital, 75005 – Paris.

British Council. Vous trouverez l'adresse des centres londonniens et régionaux dans l'annuaire. Ecrivez pour vous renseigner sur les activités, qu'il organise pour les étudiants étrangers dans votre région.

B.T.A. (*British Tourist Authority*) 64 Saint James' St. Londres SW1A 1NF. Tél. 629 91 91.
(Envoie gratuitement, sur demande, la brochure *Tourist Information Centres* qui donne des adresses utiles).

Central Bureau for Educational Visits and Exchanges 43 Dorset St, Londres WH1 3FN. Tél. (01) 486 5101.
3 Bruntsfield Crescent, Edimbourg EH10 4HD. Tél. (031) 477 8024.

Centre Charles Péguy 16 Leicester Sq., Londres WC2. Tél. (01) 437 83 39.
(Accueille tous les jeunes – Activités diverses, ciné-club, etc.)

C.I.L.T. (*Centre for Informaton on Language Teaching and Research*) 20 Carlton House Terrace, Londres SW1. Tél. (01) 839 2626.

Colin 103 Bd Saint-Michel, 75005-Paris.

Consulats de France

Consulat de France, 14 Wellington Park, Belfast (0232 660 325).
(Antrim – Armagh – Down – Fermanagh – Londonderry – Tyrone).

Consulat de France, 129 Queen St., Cardiff CF1 6PS. Tél. (0222)-22742.
Avon – Cornwall – les Iles Scilly – Devon, – Dyfed – Gloucester – Gwent – Hereford et Worcester – Mid-Glamorgan – Powys [à l'exclusion du district de Montgomery] – Somerset – South Glamorgan – West Glamorgan.)

Consulat Général de France, 27 Regent Terrace, Edimbourg EH7 5BS. Tél. 031-556-6266.
(Aberdeenshire – Angus – Argyllshire – Ayr – Banff – Berwickshire – Caithness – Clackmannanshire – Dumfriesshire – Dunbartonshire – East Lothian – Fifeshire – Invernessshire – Kincardineshire – Kinrossshire – Kircudbrightshire – Lanarkshire – Midlothian – Morayshire – Nairnshire – Orkney Islands – Peeblesshire – Renfrewshire – Perth – Ross & Cromarty – Roxburghshire – Selkirshire – Shetland Islands – Stirlingshire – Sutherland – Wigtownshire – West Lothian.)
Consulat de France, 2 Westaway Chambers, 39 Don St., St-Hélier (Guernesey – Jersey). Tél. 26256.
Consulat Général de France, Cunard Bldg, Pier Head, Liverpool L3 1ET Tel. (051) 236 8685.
(Greater Manchester – Merseyside – Ouest Yorkshire – Sud Yorkshire – Tyne et Wear; comtés de Cleveland – Cleveland – Cheshire – Clwyd – Cumbria – Derby – Durham – Gwynedd – Humberside – Lancashire – Lincoln – Nord Yorkshire – Northumberland – Shropshire – Staffordshire – district de Montgomery (du comté de Powys) – île de Man.)
Consulat Général de France, 24 Rutland Gate, Londres SW7 1PD. Tél. (01) 584 9628.
(Bedfordshire – Berkshire – Buckinghamshire – Cambridgeshire – Dorset – Essex – Hampshire – Hertfordshire – Huntingdonshire – Isle of Wight – Kent – Leicestershire – Middlesex – Norfolk – Northamptonshire – Nottinghamshire – Oxfordshire – Rutland – Suffolk – Surrey – Sussex – Warwickshire – Wiltshire – Iles Falkland – Sainte-Hélène.)

Délégation Culturelle de Glasgow (Voir *Blocs Pédagogiques.*)
(Activités culturelles, cours, matériel pédagogique.

D.E.S. (*Department of Education and Science*), Elizabeth House, York Rd, Londres SE1.

E.T.I.C. (*English Teaching Information Centre*), 10 Spring Garden, Londres SW1A 2BN. Tél. (01) 930 8466.

Etudiants Chrétiens. Le groupe Walsingham s'adresse en premier lieu aux Assistants. Ecrire, pour tout renseignement, au Père Noblet, 5 Leicester sq., Londres WC2. Tél. (01) 437 9363.

Family Planning Association

A Londres: Margaret Pyke Centre, 27–35 Mortimer St. W1A 4QW. Tél. 01 636 7866.

Dans le reste du Royaume-Uni: consultez l'annuaire à Family Planning Association Clinics.

Si vous ne trouvez pas l'adresse du Centre de votre ville/région, téléphonez ou écrivez au Centre de Londres qui vous renseignera.

- ouvert à tous (hommes/femmes/célibataires/mariés, de plus de 16 ans).
- consultations médicales gratuites sur toutes les méthodes contraceptives.
- les contraceptifs sont gratuits dans tous les Centres du Family Planning affiliés au National Health Service.

French Railways (*SNCF*), 179 Piccadilly, Londres, W1V 0BA.

Gallimard, 5 rue Sébastien Bottin, 75006 – Paris.

Hachette, 4 Regent Pl., Londres W1. Tél. 734 5633.

79 Bd Saint-Germain, 75006 Paris. Tél. 326 9740.

H.M.S.O. (*Her Majesty's Stationery Office*), 49 High Holborn Londres WC1.

(pour toutes publications officielles.) Consultez l'annuaire pour les centres de Belfast – Cardiff – Bristol – Edimbourg – Manchester – Birmingham.

Institut Français d'Ecosse (Voir *Blocs Pédagogiques.*) Activités culturelles, Ciné-club, prêt de films, matériel pédagogique.

Institut Français du Royaume-Uni (*I.F.R.U.*) 15 Queensberry Place, Londres SW7 2DT. Tél. (01) 589 6211. Activités culturelles, bibliothèque (prêt par correspondence), service du film, service des examens de licence, etc . . ., cours de français, cours de secrétariat bilingue.

International Students House, 1 Park Crescent, Londres W1. Tél. (01) 636 9472.

Istra, 93 rue Jeanne d'Arc, B.P. 364. 75013 Paris. Tél. 336 1660.

I.T.V. (*Independent Television*) Programmes scolaires. 306-316 Euston Rd, Londres NW1 3RB.

Librairies: Dillon's Bookshop, 1 Malet St, Londres WC1. Tél. (01) 636 1577.

Foyles, 119 Charing Cross Road, Londres WC2.

Larousse, 17 rue du Montparnasse, 75006 – Paris

Le Monde 5, rue des Italiens, 75427 – Paris.

Lycée Français, 35 Cromwell Rd, Londres SW7. Tél. 584 6322.

Maison Française d'Oxford (Voir *Blocs Pédagogiques*.)

Mary Glasgow Publications. 140 Kensington Church St., Londres W8.

Nathan, 18, rue Monsieur le Prince, 75270 – Paris. Cedex 06. Tél. 707 81 49.

National Union of Students Travel Service. Clifton House, Euston Rd., Londres NW1. Tél. (01) 387 9456. Si vous voulez vous procurer une carte d'étudiant internationale.

Open University, P.O. Box 45, Milton Keynes MK7 6AA.

Paroisse Protestante Française, 9 Soho Sq., Londres W1. Tél. (01) 437 5311.

Schools Council, 160 Great Portland Street, Londres W1.

Scolavox, 203 route de Gençay, Saint-Benoit – B.P.85 – Poitiers 86.

Scottish Centre for Modern Languages, 69 Hilton Pl. Aberdeen AB9 1FA.

Sopexa, Food from France, 14 Berkeley St., Londres W1X 5AD.

Tourisme Français, 178 Piccadilly, Londres W1.

Youth Hostel Association, 29 John Adam St., Londres WC2. Tél. (01) 839 1722 édite un Guide des Youth Hostels. 10 pence pour non-membres, gratuit pour les membres.

Y.M.C.A.)*Young Men's Christian Association*) Great Russell St., Londres WC1. Tél. (01) 636 8954.

Y.W.C.A. (*Young Women's Christian Association*) Hampden House, 2 Weymouth St., Londres W1. Tél. (01) 636 9722.

Index